김구·전태일·박종철이 들려주는
현대사 이야기

김구·전태일·박종철이 들려주는
현대사 이야기

제1판 제1쇄 발행일 2010년 8월 30일
제20쇄 발행일 2025년 1월 1일

글쓴이 | 함규진
그림 | 돌 스튜디오
기획 | 책도둑(김민호, 박정훈, 박정식)
디자인 | 김효중
펴낸이 | 김은지
펴낸곳 | 철수와영희
등록번호 | 제319-2005-42호
주소 | 서울 마포구 월드컵로 65, 302호(망원동, 양경회관)
전화 | (02)332-0815
팩스 | (02)6003-1958
전자우편 | chulsu815@hanmail.net

ⓒ 함규진, 돌 스튜디오 2010

* 이 책 내용의 일부 또는 전부를 재사용하려면 반드시 저작권자와 철수와영희 양측의 동의를 얻어야 합니다.
* 잘못된 책은 출판사나 처음 산 곳에서 바꾸어 줍니다.

ISBN 978-89-93463-10-1 73900

철수와영희 출판사는 '어린이' 철수와 영희, '어른' 철수와 영희에게 도움 되는 책을 펴내기 위해 노력합니다.

어린이제품 안전특별법에 의한 기타 표시사항

제품명 도서 | **제조자명** 철수와영희 | **제조국명** 한국 | **전화번호** (02)332-0815
제조연월 2025년 1월 | **사용연령** 10세 이상
주소 04018 서울시 마포구 월드컵로 65, 302호(망원동, 양경회관)
주의사항 종이에 베이거나 긁히지 않도록 조심하세요. 책 모서리가 날카로우니 던지거나 떨어뜨리지 마세요.

김구·전태일·박종철이 들려주는
현대사 이야기

글·함규진 | 그림·돌 스튜디오

철수와영희

머리말

역사는
도대체 왜 배울까요?

여러분!
여러분은 역사에 대해 얼마나 많이 아시나요?
무작정 '역사'라고 하니까 막연하죠? 하지만 가령 삼국지 이야기는 어때요? 게임이나 만화에서 자주 봐서 익숙한 편이죠? 책이나 영화, 애니메이션에 등장하는 칭기즈칸, 나폴레옹, 로마 제국, 미국 남북 전쟁, 제2차 세계 대전 등과 관련된 이야기도 마찬가지일 거예요. 그러면 우리나라의 역사 이야기는 어떻죠?
그렇죠! 한글을 만드신 세종대왕, 거북선을 만들어 나라를 지키신 이순신 장군, 선덕여왕, 안중근, 유관순 등 수없이 많은 이야기를 알고 계시네요. 이쯤 되면 우리나라 역사에 대해서도 많이 들어 보고, 재미있게 배운 거네요?

 좋아요. 그럼 이번에는 아주 가까운 역사에 대해 물어보겠습니다. 우리가 사는 이 나라, 대한민국이 언제 어떻게 세워졌는지, 그리고 어떤 식으로 발전해 왔는지 알고 있나요?

 잘 모르신다고요? 들어 보긴 했지만, 재미 하나도 없다고요? 하긴 그렇기도 할 거예요. 지난 60여 년의 역사는 요즘하고 너무 가깝다 보니 재미도 없고, 열심히 배울 마음도 안 들고, 그렇겠죠? 지루한 역사 이야기보다는 그리스·로마 신화나 해리포터 같은 만들어 낸 이야기가 더 재미있잖아요?

 그렇다면 역사는 도대체 왜 배울까요?

 맞아요! 옛날에 어떤 일이 있었는지 제대로 배워서, 잘된 일은 본받고, 잘못된 일은 다시 되풀이하지 않도록 조심하기 위해서겠죠?

 그러면 바로 우리가 사는 이 땅의 역사, 지금과 가장 가까운 시대의 역사, 여러분의 할아버지, 할머니, 아빠, 엄마가 살아온 역사를 잘 배워야 할 필요가 있지 않겠어요?

 그건 그런데, 어떻게 배워야 할지 모르시겠다고요?

이 책의 주인공인 역돌이도 그랬답니다. 여러분 또래의, 씩씩하고 장난도 잘 치는 친구죠. 하지만 어느 날 갑자기 일어난 일 이후, 역돌이는 현대사 척척박사가 되었대요.

어떤 일이 일어났느냐고요?

전혀 뜻밖의, 세 사람이 역돌이의 메신저에 접속했던 거예요.

그 세 사람은 슈퍼맨, 배트맨, 스파이더맨……이 아니라! 김구, 전태일, 박종철이었죠.

누군지 잘 모르겠다고요?

그러면 역돌이와 함께 그분들의 이야기를 들어 봐요. 대한민국의 현대 역사에서 중요한 역할을 하셨고, 삶이 곧 역사였던 분들이거든요!

자, 그러면 같이 재미있는 현대사 이야기를 듣기로 할까요?

2010년 8월
함규진

차례

5　**머리말**
　　역사는 도대체 왜 배울까요?

11　**세 위인들의 역사 강의**
　　메신저에 나타난 백범 할아버지 | 이메일로 배우는 재미있는 현대 역사

23　**대한민국은 어떻게 세워졌나요?**
　　우리 민족이 세운 나라 | '나라' 없는 민족이 된 우리 | 두 가지 오해
　　우리 뜻과 다른 미국과 소련의 군정 | '모스크바 3상 회의'에서 결정된 신탁 통치
　　남북 분단을 계속해서 끌고 가려던 사람들
　　남한 땅에서만 치러진 유엔 감시하의 선거 | 왜 통일을 해야 할까요?

51　**왜 전쟁이 일어났나요?**
　　혼란과 폭력의 연속 | 한반도를 뒤덮은 증오와 불신의 그림자
　　북한군의 남한 기습 공격 | 미군과 유엔군의 참전
　　전쟁으로 사라진 300만 명의 고귀한 생명 | 한국 전쟁으로 미움의 골이 깊어지다

77 　민주주의란 무엇인가요?

　　　미군이 먹다 버린 음식물 찌꺼기, 부대찌개 ｜ 독재 권력을 휘두르는 이승만 대통령
　　　민주주의와 독재 ｜ 민주주의와 선거 ｜ 3·15 부정 선거 ｜ 4·19 혁명
　　　민주주의는 피를 먹고 자란다고요?

105 　어떻게 경제를 발전시켰나요?

　　　내각 책임제로 바뀐 정부 형태 ｜ 박정희의 5·16 군사 쿠데타 ｜ 반공과 경제 개발
　　　인력 수출과 한강의 기적 ｜ 전태일의 죽음 ｜ 민주주의와 경제 발전
　　　박정희 집권, 18년 ｜ 박정희는 영웅인가요?

141 　올림픽이 열리기까지, 무슨 일이 있었나요?

　　　전두환의 쿠데타 ｜ 광주 민주화 운동 ｜ 철수 아버지의 편견
　　　박정희가 키운 전두환 일파 ｜ '유비통신'과 '두환이 시리즈' ｜ 6월 민주 항쟁
　　　5공화국의 항복

169 　어떤 대한민국을 만들어 가야 할까요?

　　　1988년 서울 올림픽 이후의 역사 ｜ 남북한 유엔 동시 가입 ｜ 남북 정상 회담
　　　2퍼센트 부족한 우리의 민주주의 ｜ 'IMF 사태'
　　　더 평화로운 세상, 더 자유로운 나라, 더 평등한 사회

이 책의 등장인물

역돌

철수

영희

백범 김구

전태일

박종철

세 위인들의 역사 강의

메신저에 나타난 백범 할아버지

"똔, 똔, 똔, 똔, 똔, 똔. 딩동댕~"
"학교 다녀왔습니다~"
'아, 아무도 없지.'
역돌이는 전자자물쇠 번호를 눌러서 문을 열고, 신발을 현관에 벗어 던지며 혼잣말을 합니다.
엄마, 아빠는 일하러 가셨고, 작년까지는 할머니가 봐주러 오셨지만, 올해부터는 할머니도 너무 힘드신 것 같고, 역돌이도 많이 컸으니까, 엄마, 아빠 오시기 전 몇 시간 정도는 혼자서 지내고 있어요. 아, 물론 학원에도 가지만 말이지요.
씩씩한 역돌이는 혼자 있다고 무섭지는 않고, 간식도 챙겨 먹

을 줄 알고, 배가 고프면 음식을 배달시켜 먹으면 되니까 혼자서도 힘들지는 않아요. 하지만 좀 쓸쓸하답니다.

그래서 숙제하고 공부하기 전까지 30분 정도 게임을 하거나 친구랑 전화를 하며 보내는데, 요즘은 전화 대신 메신저로 채팅하는 데 재미가 붙었어요.

오늘도 손 씻고 세수하고, 옷을 갈아입더니 냉큼 컴퓨터부터 켜는군요.

아이디와 비밀번호를 넣고 메신저에 접속했어요.

"자, 오늘은 누가 들어와 있지……? 영희는 없네. 숙제하고 있나? 바로 학원 갔나? 얘기하고 싶은데……. 설마 철수랑 놀고 있는 건 아니겠지?"

역돌이는 예쁘고 착해서 은근히 좋아하는 영희가 메신저에 들어오지 않으니 괜히 심술이 났어요. 몇몇 친구들이 접속해 있지만, 친한 편은 아니어서 이야기하기 싫었답니다.

"1분만 더 기다렸다가 꺼야지……."

그때였어요. 갑자기 메신저 화면에 새로운 친구가 들어왔다는 표시가 뜨는 거예요.

그런데 이상했어요. 역돌이가 처음 보는 아이디였거든요. 친구로 등록한 아이디가 아니면 들어올 수 없을 텐데?

'어떻게 된 거지? 백범? 이런 아이디는 처음 보는데……. 고장 났나? 누가 장난치는 건가?'

왜지 무서워진 역돌이는 메신저를 끄려고 했어요. 그런데 이럴 수가! '백범'이라는 아이디의 대화창이 제 마음대로 열렸어요.

'뭐, 뭐, 뭐, 뭐지?'

 안녕? 역돌아! 오늘 학교에서 재미있게 공부했니?

역돌이는 너무 놀랐어요. 망설인 끝에 자판을 두들겼죠.

 공부는 잘했어요. 그런데 누구세요?

 하하하, 반갑구나. 나는 이 세상 사람이 아니란다.

역돌이는 다시 한 번 놀랐지만, 왠지 점점 무서움이 가라앉고 흥미가 생겼어요. 그래서 빠르게 자판을 쳤죠.

 그럼 뭔데요? 유령이에요? 아니면 좀비? 악마?

 하하, 좀비나 악마는 좀 너무했구나! 나는 약 60년 전 세상을 떠난 사람이다. 이름은 김구라고 하고. 백범은 나의 호란다.

 와, 60년이요? @_@ 우리 아빠가 마흔인데, 아빠가 태어나기도 훨씬 전에 돌아가신 거네요! 그런데 김구? 백범? 어디서 들어 본 듯도 한데…….

 백범 김구라고, 학교에서 안 배웠니?

 잠깐만요, 생각날 듯도 한데……. 그런데 어쨌거나 돌아가신 분이 어떻게 저랑 채팅을 해요?

 역돌아, 너 역사에 관심이 많은 아이 아니니?

 ……? 글쎄요. 뭐, 사실 관심은 있죠. 잘 모르지만요.

그래. 역사에 관심이 있고 배우고 싶지만, 어렵고 복잡해서 고민이었지? 아니니?

역돌이는 김구라고 하는 사람이 자기를 잘 아는 데 놀랐어요.

그래요. 아빠는 회사원인데 역사 같은 건 몰라도 된다고 하시고, 엄마는 선생님인데 역사책을 몇 권 사다 주셨지만 뭐가 뭔지 어려워서 못 읽겠더라고요. ㅠㅠ

역사를 재미있게 배우고픈 너의 마음이 나의 영혼을 불러낸 거란다. 그래서 이렇게, 이 메신저라는 것을 통해서 너와 대화할 수 있게 된 거지.

정말요? 와, 신기하네요! 그럼 아저씨, 아니 할아버지가 역사를 가르쳐 주시는 거예요?

그런 셈이지. 정확히 말하면 현대사를 가르쳐 주마. 옛날 역사는 텔레비전 드라마에도 나오고 해서, 세종대왕이니 이순신이니 잘 아는 모양인데, 가장 가까운 역사를 오히려 잘 모르니……

세 위인들의 역사 강의 | 15

하긴 그러네요. 왜 얼마 되지 않은 역사를 먼 옛날 역사보다 모를까요?

 옛날이야기보다 재미가 없어 그런지도 모르지만, 가르치는 사람들이 너무 어려운 이야기만 하거나, 입장에 따라 서로 다른 이야기를 하니……. 그래서 보다 못해 우리가 나선 거란다.

 우리요? 할아버지 말고 또 있어요?

이때 갑자기 낯선 두 사람의 아이디가 팟팟! 튀어나왔어요.

 16 | 김구·전태일·박종철이 들려주는 현대사 이야기

안녕? 역돌아? 난 박종철이라고 해. 반가워~

난 전태일이란다. 만나서 반갑다! ^^

역돌이는 놀랐지만, 신기한 일이 거듭되니까 이제는 아까처럼 무섭거나 하지는 않았어요.

안녕하세요? 두 분도 60년 전에 돌아가셨어요?

^^;;;; 아니. 나는 1970년에 죽었단다. 여기 종철이는 1987년에 죽었고.

그래요? 그래도 저한테는 60년 전이나 그때나 비슷하네요. 어쨌든 김구 할아버지 성함은 어디서 들어 본 것 같은데, 박종철? 전태일? 전혀 처음 들어 보는데요?

학교에서 그렇게 가르쳐 주는 게 없니?

모르겠어요. 아, 가만! 알겠다! 백범 할아버지에 관해 들은 게 기억났어요!

그래, 그래. 뭐라고 들었니?

 할아버지, 대체 왜 그렇게 나쁜 짓만 했어요?

 그게 무슨 말이냐?

 철수가 그랬거든요. 우리나라 역사상 가장 죄가 많은 사람이 누군지 아느냐고! 모른다고 했더니 백범 김구래요!

 그게 대체 무슨 소리지?

 죄를 지으면 전과 1범, 또 지으면 2범. 그렇잖아요? 그런데 할아버지는 자그마치 100범! 그러니 역사상 최고의 악당이라고 하더라고요. 할아버지, 대체 왜 그렇게 사셨어요?

 ……

 …………

그러냐. 내가 생전에 임시 정부의 문지기라도 되면 충분하다고 했었지만, 이 세상에서 나를 그처럼 놀림감으로만 여기는 줄은 몰랐구나. 이만 가련다. 잘 있어라.

아니, 선생님!

백범 선생님, 기다리십시오!

갑자기 백범, 종철, 태일의 아이디가 픽 하고 사라지면서 대화창도 꺼졌어요. 역돌이는 꿈이라도 꾸었나 하고 한동안 멍하니 있었어요. 그리고 자기가 무슨 잘못을 한 것 같아서, 왠지 기분이 안 좋았어요.

이메일로 배우는 재미있는 현대 역사

며칠 뒤였어요. 숙제를 끝낸 역돌이는 한숨을 쉬면서 컴퓨터 메신저를 켰어요. 그리고 조마조마하며 기다렸어요. 영희가 들어와 대화 신청을 했지만 역돌이는 계속 기다리기만 했어요. 결

국 다시 메신저를 끄려는 순간, 낯익은 아이디들이 반짝하고 빛났어요. '백범!', '태일!', '종철!'

허허, 역돌아, 잘 있었니?

와! 김구 할아버지! 너무너무 기다렸어요! 지난번에 정말 죄송했어요! 저 인터넷 찾아봤거든요? 할아버지, 짱 유명한 분이시더라고요!

그랬니? 허허, 뭘…….

우리나라가 일본에 점령당했을 때 중국에서 임시로 정부를 세웠는데, 그때 주석, 그러니까 지금의 대통령 같은 걸 하신 분이라죠? 그리고 누구보다 열심히 독립 운동을 하셨고요! 철수가 그러는데 전과 백범 어쩌고는 농담이래요! 전 진짠지 알았지 뭐예요!

아니, 나이도 많이 먹고, 이미 저승 사람이 된 내가 너무 경솔했다. 미안하구나. 하지만 그때는 우리 후손들이 어쩌자고 이렇게 역사 교육을 게을리했는가 싶어 그만 성이 나고 말았단다.

제가 너무 몰랐던 거죠! 정말 사과드려요! 그리고 태일이 형이랑 종철이 형도 훌륭한 일을 하셨더라고요.

 뭘~ 백범 선생님에 비하면 새 발의 피지. 다시 봐서 반가워~ ^^

 나도 반갑다. 그럼 우리 함께 현대 역사를 재미있게 배워 보자꾸나. 김구 선생님께서 먼저 생전에 겪으셨던 일을 중심으로 해방부터 전쟁까지의 역사를 설명해 주실 거고, 그다음에 나와 태일이 형이 역시 우리가 살았던 시대를 중심으로 이야기해 보려 해.

 그래요! 와, 저 막 두근거려요! ^o^

　　이렇게 해서 저승에 계시는 세 위인들의 역사 강의가 시작되었어요. 채팅으로는 말을 길게 하기 어려우니까, 이메일을 이용하기로 했죠. 먼저 김구 선생님께서 역돌이에게 이메일을 띄웠답니다.

대한민국은 어떻게 세워졌나요?

보낸 사람 | 백범@하늘.org
보낸 날짜 | 2010년 X월 XX일
받는 사람 | 역돌@대한민국.net

역돌이에게.

안녕? '전과 백범' 김구란다. 하하, 잘 지내고 있지? 오늘은 역돌이와 역돌이의 부모님, 선생님, 친구들이 사는 대한민국이라는 나라가 어떻게 세워졌는지를 이야기해 보자.

우리 민족이 세운 나라

'우리나라'라고 했을 때, 그 나라가 꼭 대한민국만은 아니라는 사실은 알고 있겠지? 모른다고?

생각해 보자. 단군 할아버지께서 세우신 고조선은 누구 나라니? '우리나라' 지? 고구려도 우리나라, 고려도 우리나라, 조선도 우리나라지. 왜냐하면 그때 살던 사람이 우리 할아버지, 할머니들이고, 우리 말을 쓰고, 우리 문화를 누렸기 때문이란다.

물론 그때는 지금 우리가 쓰는 인터넷이라는 것은 꿈에도 몰랐어. 우리나라에서 만들어진 것도 아니지만 말이다. 하지만 역돌이가 좋아하는 김치에 들어가는 고추, 옛날 옷을 만들 때 쓰던 목면 같은 것도 처음부터 우리나라에 있었던 것은 아니야. 하지만 우리나라에 들어와서 오랫동안 사랑받으며 널리 쓰이고, 우리 생각과 사정에 맞게 바뀌었기 때문에, '우리 문화' 라고 할 수 있는 거지.

인터넷이니 휴대폰이니 하는 것도 시간이 많이 지나고 나면 우리 문화가 될지도 모른단다.

아무튼 이렇게 같은 말, 같은 문화를 오래도록 이어온 우리는 하나의 '민족' 이란다. 외국에서 들어온 문화도 차차 우리 문화로 바뀌어 가듯, 외국에서 태어난 사람도 이 땅에서 뿌리를 내리고 살다 보면 우리 민족이 되는 거지. 그러니까 '우리는 한 민족' 이라는 생각과 마음이 중요하지, 생김새나 행동 방식이 중요하지는 않단다.

단군 할아버지의 고조선부터 고구려, 백제, 신라, 발해, 고려, 조선 등등 여러 나라가 모두 우리 민족이 세운 우리나라야.

백제는 불교를 존중하며 국왕 중심의 정치를 하고, 조선은 유교를 존중하며 역시 국왕 중심의 정치를 하고, 대한민국은 민주주의를 존중하며 온 국민이 중심이 되는 정치를 하지. 그러니까 시대가 다르고 정치가 달라도 전부 '우리나라'인 거야.

'나라' 없는 민족이 된 우리

그러면 지금 우리가 사는 대한민국은 언제 생겼을까? 그래, 1948년 8월 15일이란다. 60년이 넘었지. 역돌이에게는 까마득하게 먼 옛날 같겠지만, 우리 민족의 역사가 5000년이 넘는다는 점을 생각해 보면 그렇게 오래전 일이 아니지. 대한민국이 세워질 때 나, 김구 할아버지는 73살이었단다.

그러면 대한민국은 어떻게 세워진 걸까? 사실 여기에는 많은 아픔이, 그리고 아쉬움이 있단다.

대한민국 이전에는 이 땅에 조선이라는 나라가 있었지. 세종대왕이나 이순신 같은 분이 나타나서 많은 업적을 이루었지만, 조선은 나라가 세워진 지 500년이 지나면서 질서가 흐트러지고, 관리들은 부정부패를 일삼게 되었어.

게다가 19세기 말이 되자 영국, 러시아, 독일, 미국, 일본 등의 여러 나라가 우리를 넘보기 시작했지. 당시는 '제국주의'라

우리나라의 역사는 5천년이 넘어.
우리 민족은 나라를 잃는 어려움도 겪었지만
꿋꿋하게 버텨왔어.

고 해서 힘이 강한 나라는 힘이 약한 나라를 빼앗아서 지배해도 된다는 생각이 널리 퍼져 있었단다. 그래서 힘이 약해진 조선을 넘보았던 거지. 조선을 차지하려고 지금의 중국인 청나라와 일본이 싸웠고, 그것이 끝나자 러시아와 일본이 싸웠단다.

물론 우리도 가만히 있지는 않았어. 임금님에서부터 글공부를 하던 선비들, 농사짓던 농민들, 천한 대우를 받아오던 천민들까지 나라를 위해 일어섰단다. 그때 스무 살의 청년이었던 나도 동학 운동과 독립 운동에 참여하여 나라를 지키려고 애썼지만, 힘이 너무 부족했어.

피눈물이 나는 일이지만, 결국 제국주의 국가들과의 다툼에서 최후의 승자가 된 일본이 조선(마지막 몇 년 동안은 대한 제국이라고 했단다)을 없애고 우리 민족을 지배하게 되었지. 우리는 '나라'가 없는 민족이 된 거야.

두 가지 오해

그런데 여기서 할아버지가 안타까워하는 두 가지 오해가 있단다. 하나는 조선의 멸망을 바라보던 당시의 많은 세계 사람들이 했던 오해지. 우리가 원해서 일본에 나라를 바쳤고, 따라서 한반도는 일본의 영토라는 생각이란다.

말도 안 되지! 당시 고종 황제와 순종 황제를 비롯한 대부분의 정부 인사들은 끝까지 일본이 한국을 지배하는 데 반대했어. 그러나 일본은 몇 안 되는 비겁한 대신들을 앞세워서, 멋대로 황제의 옥새를 찍고 '일한합방'이라고 떠든 거야. 그게 어떻게 우리가 원한 것이라고 할 수 있겠니?

마치 힘센 아이가 약한 아이를 위협해서 돈을 가져오게 하고는, '내가 빼앗은 것이 아니라 자기 손으로 갖다 바쳤으니 내게는 잘못이 없다'라고 우기는 꼴이 아니겠니?

그러므로 누가 봐도 일본이 이 땅을 지배했던 35년은 우리가 원하지 않았으며 인정하지도 않았던 강제 점령일 뿐이란다. 그래서 이 시기를 전에는 '일제 시대'라고 부르다가, 최근에는 일본이 강제로 점령했다는 뜻을 살리기 위해 '일제 강점기'라고 부른다더구나. 잘한 일이라고 생각한다.

하지만 당시 우리나라의 사정을 잘 몰랐던 외국인들은 우리가 원해서 식민지가 되었다는 말을 그대로 믿는 경우가 많았지. 그래서 나중에 제2차 세계 대전에서 일본이 패망하고 미국, 소련 등 연합군이 일본을 점령할 때, 엉뚱하게 우리 한반도도 남북으로 갈라서 점령했던 거야. 한반도는 일본 영토라는 생각이 남아 있었던 거지. 정말 한심하지?

우리 민족은 1919년에 3·1 운동을 일으켜 일본의 지배를 거부하는 뜻을 분명히 밝혔고, 그 뜻을 받들어 중국에서 대한민국

김구·전태일·박종철이 들려주는 현대사 이야기

일제에 맞서
1919년 3·1 운동이 일어났어.

임시 정부를 수립했었지. 너도 알다시피 할아버지가 그 주석을 맡기도 했고 말이다.

그러나 미국과 소련은 임시 정부도 인정하지 않았어. 특히 미국은 일본을 공격하기 위해 임시 정부의 광복군과 합동 작전을 펼칠 계획까지 세워 놓고도 그랬단다.

그래서 할아버지는 1945년 8월 15일에 일본이 연합군에 항복했을 때 나라를 되찾을 수 있겠다 싶어 기뻤지만, 한편으로는 우리가 연합군 편에 서서 일본의 패배에 어떤 보탬을 주기 전에 전쟁이 끝났기 때문에 앞으로 우리가 무시당할까 봐 걱정이 되었단다.

우리 민족은 일제 35년간의 고통에서 벗어나자마자
남북으로 갈리는 처지가 되었어.

예상대로, 우리 민족은 35년 동안의 고통에서 벗어나기 무섭게, 남북으로 갈리는 처지가 되었지.

그리고 또 하나의 오해. 그것은 어찌 됐든 우리가 일본의 지배를 받으면서 외국의 앞선 기술도 들어오고 철도나 공장 같은 것도 생겼으니까, 결과적으로 잘된 일이 아니었나 하는 오해란다. 이처럼 기막힌 이야기도 없지.

일본이 이 땅에 철도나 공장을 세웠더라도, 그게 어디 우리를 위한 거니? 자신들의 이익을 위한 것이었지. 게다가 일본은 중국과 전쟁을 하느라고 주로 중국과 가까운 한반도 북쪽에 공장을 세워서 무기와 철강 등을 만들고, 남쪽에는 식량 생산에 힘쓰게 했기 때문에 광복 후 남북이 갈라지자 한동안 남쪽의 대한민국은 공업 생산을 제대로 못 해서 어려웠단다.

또 일본은 우리 민족에게는 제대로 교육을 받을 기회도 주지 않고, 정치에 참여할 수도 없게 했지.

어떤 사람은 조선이 부패하고 허약해서 망했다면서 일본 덕분에 많이 나아졌다고 말하지만, 조선이 말기에 문제가 있었어도 본래는 백성의 행복을 많이 생각하는 나라였단다.

만약 일본의 강제 점령이 없었다면 남북으로 갈리지도 않고, 우리 힘으로 과학 기술도 발전시키고 민주주의도 싹을 틔워 훨씬 아름답고 잘사는 나라가 되었을 거라고 믿는다. 그러니까 일본의 지배가 축복이었다는 소리는 한마디로 말도 안 된단다.

우리 뜻과 다른 미국과 소련의 군정

그런데 당시 세계 주요 나라의 지도자들도 문제였어. 우리가 5000년의 오랜 역사와 빛나는 문화를 지닌 민족이며, 일본보다 앞선 나라였음을 생각하지 못했어. 식민지가 되기 전에는 나라라는 것이 없었고, 문자도 없고 법률도 없이 살던 형편없는 땅처럼 본 거지.

그래서 일본이 패망하여 물러가더라도, 우리가 자신을 이끌어 나갈 힘이 없다고 생각했던 거야. 그래서 임시 정부도 무시하고 광복 직후에 자발적으로 만들어진 조선 건국 준비위원회라는 조직도 무시하며 남과 북에 각각 미군과 소련군이 진주하여 '군정'을 했지. 군정이란 기본적인 정치 질서가 없는 곳에 군대가 임시로 정부를 대신해서 정치를 하는 것이란다.

그리고 1945년 말에는 미국, 소련, 영국, 중국 네 나라가 최대 5년간 우리나라를 신탁 통치하겠다고 결정했단다. 우리가 스스로 정부를 세울 지혜가 부족하다 여겨서, 다른 나라들이 마치 혼자서는 아무것도 못하는 어린애를 돌보듯이 돌보는 정치를 하겠다는 것이었지.

우리 민족의 자존심을 짓밟는 게 아니겠니? 그래서 당시 독립 촉성 중앙협의회라는 단체를 이끌던 나를 비롯한 여러 지도자가 나서서 '신탁 통치 반대 운동'에 들어갔단다.

이거, 처음인데 글이 너무 길어졌구나. 다음 이야기는 나중에 해야겠다. 그러면 역돌아, 도움이 되었기를 바란다.

백범 김구 할아버지가.

보낸 사람 | 역돌@대한민국.net
보낸 날짜 | 2010년 X월 XX일
받는 사람 | 백범@하늘.org

할아버지, 안녕하세요? ^^
보내 주신 메일 정말 감사하고, 재미있게 읽었어요. 약간 스크롤의 압박이 있긴 했지만……. ^^;;;
우리나라가 일본의 지배를 받았다가 분단이 되었다는 이야기는 대략 알고 있었지만, 어떻게 그렇게 되었는지는 잘 몰랐는데 이젠 이해가 되네요. 그래서 기분이 좋아요! ^0^
말씀을 들어 보면 우리나라의 참모습에 대해 옛날이나 지금이나 오해가 많은가 봐요. 또 우리나라 사람이나 외국 사람이나 잘못 알아서 실수한 게 많고요. 그래서 결국 분단도 되었구나 싶어서 안타까워요. 그러니까 이제라도 역사를 제대로 알고, 외국 사람들에게도 올바른 우리 역사를 이야기해 줘야겠죠?
그런데요, 말씀 중에 의문이 하나 있어요. 백범 할아버지의 이야기를 엄마랑 했거든요? 그런데 엄마는 당시 신탁 통치라는 게 결코 우리에게 나쁜 것이 아니래요. 그걸 오해한 백범 할아버지랑 여러 지도자가 괜히 반대 운동을 벌여서, 우리나라가 나쁘게 되었다는 거예요. 정말이에요? 우리 엄마가 잘못 안 건가요? 정말 궁금해요. 꼭 답해 주세요. 네?

역돌이가. ^^

보낸 사람 | 백범@하늘.org
보낸 날짜 | 2010년 X월 XX일
받는 사람 | 역돌@대한민국.net

역돌이에게.

안녕? 백범 할아버지다. 허허, 역돌이 어머니께서 이 할아버지의 아픈 곳을 찔렀구나. 그래, 기본적으로 어머니 말씀이 맞다. 당시 신탁 통치 반대 운동을 하지 않았더라면 오히려 더 나은 역사가 되었을지도 모르지. 사실 그 점은 이 할아비의 평생에 가장 유감스러운 일 중 하나로 남아 있단다.

'모스크바 3상 회의'에서 결정된 신탁 통치

하지만 당시 우리는 35년 동안 다른 민족의 지배를 받아 오지 않았니? 그래서 '이제야 해방되었구나, 누구의 눈치도 보지 않고 우리 스스로 살아갈 수 있구나.' 하며 한창 들떠 있는데 '외국이 신탁 통치를 한다'는 이야기가 덜컥 나왔으니 당황하고 분노하지 않을 수 없었지.

그런데 당시 '모스크바 3상 회의'에서 결정된 신탁 통치는 일본이 조선을 지배한 것처럼, 우리 정부를 인정하지 않고 외국이 일방적으로 통치하겠다는 것은 아니었어. 우리 손으로 정부를 세우되, 정부 노릇을 잘하는지 한동안 여러 나라가 지켜보며 도와주겠다는 것이었지.

우리는 누구의 도움도 받지 않고 스스로 잘할 수 있다고 여겼기 때문에 자존심이 상하기는 했지만, 당시의 심상치 않은 분위기, 그리고 나중에 벌어진 일을 생각하면 그렇게까지 분노할 일은 아니었다 싶구나.

심상치 않은 분위기가 뭐였냐고? 지난번에 우리 뜻과는 관계없이 미국과 소련이 이 땅을 남과 북으로 나누어 점령했다는 이야기는 했지? 그 자체가 유감스러운 일이지만, 그건 어디까지나 아직 정부가 없는 상태에서 임시로 외국 군대가 정부 노릇을 하는 것이었단다. 일본이 이 땅을 지배한 것과는 달랐지. 질서가 회복되면 외국 군대는 물러가게 되어 있었고.

하지만 그 상황을 이용해 남북 분단을 계속해서 끌고 가려던 사람들이 있었던 거야. 누가 그런 말도 안 되는 생각을 했느냐고? 글쎄 말이다. 고려 시대 이후 천 년 이상 하나로 통일되어 있던 한반도를 임시로 둘로 나눈 것도 어이가 없는데 그것을 영원히 끌고 가려는 사람들이 있었으니……. 그 시대를 살았던 한 사람으로서 할아비도 역돌이 너를 볼 낯이 없구나.

하지만 일본에 나라를 넘기고 그 대가를 받아 떵떵거리고 살았던 사람들이 있었듯, 분단 상태를 이용해서 권력을 잡으려는 사람들이 있었지. 북한에서는 한반도에 자신들과 친한 나라를 세우려는 소련의 속셈과 그 나라의 주인공이 되려던 김일성의 뜻이 맞아, 가면 갈수록 남한과는 교류를 끊고 북한 땅을 독립

광복이 되고 나서 우리 뜻과는 상관없이
미국과 소련이 우리나라를 남과 북으로 나누어 점령했어.

된 나라처럼 만들어 가기 시작했단다.

남북 분단을 계속해서 끌고 가려던 사람들

　남한에는 이승만과 한민당(한국 민주당)이 있었지. 이승만은 임시 정부의 대통령을 지냈던 사람으로 나와 한때 동지이기도 했지. 하지만 권력에 대한 욕심이 많았어. 한민당은 일제 강점기 동안 일본의 통치에 협력하면서 잘 지내온 사람들, 이른바 '친일파'들이 모여서 만든 정당이었지.
　당시 남과 북을 떠나 모든 국민의 선거로 대통령과 국회의원을 뽑고, 그리하여 한민족의 통일 정부를 수립하는 것이 대부분 국민의 바람이자, 역사의 순리였단다. 그러나 김일성, 이승만, 한민당은 그것을 원하지 않았어.
　남한에서는 인기가 없던 김일성은 그럴 경우에 자신이 대통령이 될 수 없을 거라고 여겼고, 이승만은 인기는 많았지만 오랫동안 외국에서 생활했기 때문에 정치를 도와줄 사람이 없어 역시 자신할 수 없었지. 또 한민당은 친일파라고 해서 많은 사람의 비판을 받고 있었기 때문에, 통일 정부가 세워지면 자기들부터 처벌받을 거라고 두려워했단다.
　그러던 참에 신탁 통치 이야기가 나온 거야. 앞서 말했듯이

나는 맹렬히 반대했지. 이승만과 한민당도 함께하겠다고 했어. 나와 사이가 좋지 않던 이들이라 뜻밖이었지만, 민족을 위하는 일에 모두 힘을 모아야 한다는 생각에서 받아들였지.

그런데 그들은 다른 속셈이 있었던 거야. 한반도, 특히 남한에서 '좌·우' 대립을 한껏 불거지게 하고, 그리하여 자신들의 힘을 늘리려는 생각이 있었던 거란다.

참, '좌·우'가 무슨 뜻인지 잘 모르겠구나? 간단히 말하면, 이 사회가 너무 불평등하다고 보고, 국가가 강력한 정책을 써서 모두 평등한 세상을 만들어야 한다는 정치적 신념을 가진 사람들이 '좌' 즉 '좌파'란다.

반면 '우' 즉 '우파'는 사회는 불평등하지만 저마다 노력하면 성공할 수 있으며, 국가는 성공할 기회를 보장하는 데 그쳐야지 억지로 평등하게 만들려다 보면 여러 가지 부작용이 생기고 나라가 발전하지 못한다고 생각하는 사람들이지. 대체로 '공산주의자', '사회주의자'로 불리는 사람들이 좌파, 또는 좌익이고, 우파 또는 우익은 '자유주의자', '자본주의자' 등으로 불리지.

8·15 광복이 된 후 이 땅에는 좌파도 우파도 있었는데, 남한에서는 좌파의 힘이 더 강했단다. 당시에는 농민이 많았고, 대부분은 자기 땅을 갖지 못한 소작인이었는데 좌파는 지주의 땅을 빼앗아서 골고루 나눠 주겠다고 했기 때문에 인기가 있었던

8·15 광복 이후에 우리 민족은
좌파와 우파로 나누어져 서로 싸웠어.

거지. 친일파이자 지주가 많았던 한민당은 자연히 우파였고, 이승만도 우파였지.

할아비는 어느 쪽이었느냐고? 나는 본래 좌파의 주장도 우파의 주장도 일리가 있으며, 민족 앞에서는 좌니 우니 나누는 것이 좋지 않다고 보았단다. 하지만 좌파가 너무 급하게 일을 처리하려는 것 같았고, 우리 민족보다는 사회주의의 국가라는 소련의 뜻을 더 존중하는 것도 같았지. 그래서 나는, 굳이 말하자면 우파였다고 할까?

아무튼 이승만과 한민당 등의 우파는 신탁 통치 반대 운동을 이용해서 좌파를 공격하고, 남한에서의 불리한 입장을 뒤집으려고 했단다. 신탁 통치란 미국과 소련이 합의한 것인데도 소련만의 뜻인 것처럼 선전하고, 좌파에서 신탁 통치에 반대하지 않는 점을 걸고넘어져서 그들을 마치 민족의 반역자인 듯 맹렬히 비난했지. 좌파에서는 일단 통일 정부부터 만들고 보자는 입장이었는데 말이다.

결국 1년 사이에 남한에서 좌파와 우파의 입장은 완전히 바뀌었단다. 좌파는 매국노 취급을 받으며 외면당하고, 이승만과 한민당의 힘은 강해졌지. 그렇게 되자 그들은 언제 그랬느냐는 듯 나와 임시 정부를 외면하더구나. 그리고는 북한을 내버려두고 남한 단독정부를 세우자는 소리를 하기 시작했다.

나는 그때에야 실수를 깨달았지만 이미 늦었지. 신탁 통치안이 국민의 반대로 무산되고, 사태를 수습하려고 미국과 소련이 머리를 맞댄 미소 공동 위원회도 의견 대립으로 진전이 없는 가운데 남한과 북한은 두 개의 나라로 갈라질 준비를 서두르고 있었어.

남한 땅에서만 치러진 유엔 감시하의 선거

나는 무슨 일이 있어도 분단만은 막고자 온갖 노력을 다했다.

1948년 남한 땅에는 '대한민국'이
북한 땅에는 '조선 민주주의 인민 공화국'이
수립되었어.

좌파와 우파를 가리지 않고 뜻을 모으려고 했지. 그러나 좌파 중에서 나와 함께 민족의 통일을 위해 애쓰던 여운형 선생마저 암살되고, 힘이 부족했던 나는 어쩔 수가 없었단다.

결국 1947년 말에 미소 공동 위원회가 해체되면서 한반도 문제는 국제 연합, 즉 유엔으로 넘어갔어. 유엔에서는 남·북한 동시 선거로 통일 정부를 수립하기로 결정했는데, 공정한 선거가 되도록 유엔의 감시단이 입회해야 한다는 조건을 붙였지. 그러나 북한의 김일성은 유엔 감시단이 들어가는 것을 거부했단다.

이대로는 남한에서만 선거가 치러지고 말 판이라, 나는 김규식 선생 등과 함께 남·북한을 나누고 있던 38선을 넘어 평양으로 갔다. 김일성을 만나 설득하려는 생각이었지. 하지만 그는 나의 방문을 마치 자신을 지지하기 위한 것인 양 왜곡하고, 내 말은 귓등으로도 들으려 하지 않더구나.

크게 실망한 나는 어깨를 축 늘어뜨린 채로 쓸쓸히 돌아올 수밖에 없었지. 공연히 김일성 좋은 일만 했다는 이승만의 비난을 온몸에 받으며 말이다.

아, 1948년 5월 10일! 그렇게 해서 남한 땅에서만 유엔 감시 하에 선거가 치러졌고, 그 결과에 따라 8월 15일에 대한민국이 세워졌단다. 그리고 김일성은 1948년 9월 9일, 대한민국 수립을 기다렸다는 듯 '조선 민주주의 인민 공화국' 수립을 선포했어.

그때를 생각하니 저승에서도 눈시울이 뜨거워지는구나. 대한민국이 세워지고 또 어떤 일들이 이어졌는지는 다음에 이야기해야겠다. 읽느라고 수고했다. 역돌아, 그럼 다음에 또 만나자꾸나!

백범 김구 할아버지가.

왜 통일을 해야 할까요?

안녕하세요, 백범 할아버지! 채팅으로 다시 뵙네요~

그래, 반갑구나, 역돌아. 허허허.

두 번째 메일도 아주 좋았어요. 그런데 평양에 갔다가 돌아오실 때요. 그때 마음이 무척 안 좋으셨죠?

그랬지……. 나는 보잘것없는 집안에서 태어나 조선 말기의 부패를 보았고, 백성의 고통도 보았지. 그리고 일본의 침략과 나라의 멸망도 보았고. 하지만 가장 슬펐던 건 모든 것을 걸고 진심으로 호소했는데도 통하지 않았던 그때였단다. 다시는 통일된 조국을 보지 못할 거라는 예감에 그렇게 슬플 수가 없었단다. 나라가 망할 때보다 더 서러웠어.

ㅠㅠ 정말 힘드셨나 봐요. 그런데요, 사실은 또 여쭙고 싶은 게 있어요.

그게 뭘까?

할아버지는 하나였던 나라에서 사셨으니까 둘로 갈라지는 것을 참기 어려우셨겠지만, 지금은 갈라진 지 60년이 넘었잖아요? 죄송하지만, 이젠 남이나 북이나 갈라지기 전의 세상을 알고 계신 분이 얼마 없죠?

그렇지. 역돌이네 부모님도 40대니까······.

그런데 이제 와서 굳이 통일을 할 필요가 있을까요? 이미 다른 나라로 있은 지 한참이고, 서로 말은 대충 통해도 생각하는 거랑 생활하는 게 많이 다르고······.

으음······.

학교에서 선생님은 통일을 해야 한다고 하시는데요. 사실 우리 애들끼리 이야기해 보면 왜 해야만 하는지 잘 모르겠거든요? 옛날에 한 나라였다고 해서 무조건 다시 합칠 필요는 없잖아요? 그렇지 않은가요?

하긴 그렇게 생각하는 사람도 많을 거다. 처음에 말

한 것처럼 민족과 나라는 똑같지 않고, 북한은 대한민국의 입장에서는 같은 민족이 사는 나라이지만 어디까지나 전혀 다른 나라이기도 하니까. 북한이 요즘 살기 어렵기 때문에, 통일하게 되면 그 뒷바라지를 할 생각에 겁이 난다고도 하더구나.

맞아요. 그러니까 통일은 말고, 그냥 '사이 좋은 이웃나라' 정도로 지내는 게 낫지 않겠어요? 제 말이 맞죠?

음, 그것도 좋겠지. 하지만 말이다. 역돌아, 혹시 좋아하는 여자아이가 있니?

네에?? 갑자기 그건 왜요??? @.@ 있기는 있지만……. ;;;;

하하하하, 같은 반 친구냐?

아뇨, 반은 다른데 이름은 영희고요…….

하하, 우리 역돌이가 영희를 참 좋아하는구나! 어디

대한민국은 어떻게 세워졌나요? | 45

가 그렇게 좋든?

 영희는요……, 무지 예뻐요. 착하고요 똑똑하고요……. 아무튼 짱이에요! 그런데, 대체 왜 이런 얘기를 해야 하는 건데요?

 그럼 억돌이는 영희랑 나중에 커서 어떻게 하고 싶니?

 그거야…… 결혼……하고 싶죠! 짱 좋아하니까요!

 그렇다면 이상하구나. 좋아한다면 그냥 사이 좋은 친구로 각자의 집에서 사는 게 낫지 않겠니? 같이 살다 보면 아무래도 힘든 일도 있고, 불편한 것도 있고, 그럴 텐데?

 음……, 오히려 반대 아닐까요? 좋아하니까 떨어져 지내고 싶지 않지요. 그리고 힘들 때면 서로 도와주고요. 따로 살면 아무래도 서로 돕고 아끼기가 어렵잖아요?

 바로 그렇지! 그러면 통일에 대해서도 마찬가지로 생각할 수 있지 않을까?

46 | 김구·전태일·박종철이 들려주는 현대사 이야기

어떻게요?

 네 말대로 떨어져 지낸 지가 오래다 보니 통일하면 서로 불편한 점도 많을 거다. 하지만 우리는 같은 민족이잖니? 수천 년의 역사를 가지고, 같은 말과 글을 쓰는 지구에 둘도 없는 한민족이야! 그러면 서로 하나가 되어 힘들 때면 서로 돕고 지내야 하지 않을까?

 네……。

 서로 돕는다는 것에는 남·북한이 하나가 되면 많은 점에서 유리하다는 뜻도 있단다. 당장은 어려워도 장기적으로 보면 경제도 크게 발전할 수 있고, 국방력도 튼튼해져서 다른 나라가 우리를 넘보지 않게 할 수도 있지.

 그러고 보니 할아버지 말씀이 맞네요. 친구들에게 이야기해 줘야지, 영희한테두……。 *^^* 그런데 생각해 보니 또 궁금해요!

대한민국은 어떻게 세워졌나요? | 47

 이번에는 또 뭐냐?

 남·북한이 통일이 되면 좋은 점이 많은데, 왜 그렇게 오래 갈라져 있었던 걸까요?

 그것은…… 증오와 공포 때문이지!

 증오와 공포요?

 그래. 대부분 오해와 음모로 빚어진, 서로 미워하고 믿지 못하는 마음! 다음 메일에서 그 이야기를 주고받게 될 거야. 기대해라!

연표로 살펴보는 우리 현대사

1945년 8월 15일	'광복.' 일본의 식민지 지배에서 해방.
1945년 9월 2일	38도선을 경계로 남한은 미국이, 북한은 소련이 나누어 점령.
1946년 2월 1일	김구, 이승만이 비상 국민 회의를 만들어 신탁 통치 반대 운동.
1946년 6월 3일	이승만이 전라북도 정읍에서 '남한 단독정부 수립'을 처음으로 주장. 이를 계기로 김구와 헤어짐.
1947년 7월 19일	독립 운동가이자 해방 후 유력 정치인이었던 여운형 암살.
1948년 4월 3일	남한 단독 정부 수립에 반대하여 제주도에서 '4·3 사건' 일어남.
1948년 4월 19일	김구, 평양에서 김일성과 남북 연석회의.
1948년 5월 10일	유엔 감시 하에 남한 단독 선거.
1948년 7월 17일	대한민국 헌법 공포.
1948년 8월 15일	대한민국 정부 수립.

왜 전쟁이 일어났나요?

보낸 사람 | 백범@하늘.org
보낸 날짜 | 2010년 X월 XX일
받는 사람 | 역돌@대한민국.net

안녕, 역돌아. 잘 지내고 있지?

오늘도 메일로 역사 이야기를 보낸다.

역사에 처음 관심을 갖고 배우려는 네게 신나고 재미있는 이야기만 들려주고 싶은데, 어두운 이야기밖에 없는 듯해 슬프구나.

역돌아, 잊고 싶은 사실, 내가 바보같이 굴었을 때, 잘못해서 야단맞았을 때, 실수로 친구의 마음을 아프게 했을 때 등등을 떠올리면 마음이 안 좋아지지. 하지만 그런 일을 잊지 않음으로써, 앞으로는 실수하지 않고, 그 슬픔과 괴로움이 싫어서라도 더욱 잘해야겠다는 생각이 들지 않겠니? 그렇겠지?

그래서 우리 현대사에 있었던 여러 가지 좋지 않은 일들도 더 좋은 역사를 만들어 주기 바라며 네게 숨김없이 전하고 싶단다. 그래도 너무 한숨만 쉴 필요는 없단다. 잊고 싶은 역사만큼 자랑스러운 역사도 많으니까!

오늘은 전쟁 이야기를 해야겠는데……. 그래, '6·25'라고도 하고 '한국 전쟁'이라고도 하는 그 전쟁 말이다. 우리 현대사에서 가장 비극적인 일이고, 아직도 대한민국은 그 상처에서 벗어나지 못했지.

혼란과 폭력의 연속

먼저 대한민국이 세워진 1948년 8월 15일부터, 전쟁이 일어난 1950년 6월 25일까지의 이야기를 해야겠다.

해방 이후는 일본의 지배에서 벗어나 우리 손으로 나라를 이끌어 갈 수 있게 되었으니, 즐거움과 자신감이 넘치는 시기였어야 했다. 그러나 실제로는 혼란과 폭력의 연속이었단다. 북녘에서는 그때까지 사용하던 태극기를 폐지하고 자신들만의 깃발을 만들어 썼으며, 남한 지역으로 보내던 전기를 예고도 없이 끊어 버렸지. 이승만 정부와 대한민국을 인정하지 않겠다는 뜻이었어.

남녘에서는 '여수·순천 사건'이라는 사회주의자들의 무장봉기가 일어난 것을 비롯해서 과격한 행동이 이어졌고, 이에 대한 가혹한 탄압도 계속되었지. 일본의 지배를 받던 시절 일본의 이익에 따라 행동한 '민족 반역자'를 처단해야 한다는 주장을 놓고도 갈등이 이어졌어.

당시 국회에서는 '반민특위(반민족 행위에 관한 특별 조사 위원회)'

를 만들고, 가장 노골적으로 일본의 앞잡이 노릇을 했던 7000여 명을 조사해서, 그중 300명 정도를 검거했지. 하지만 일본 총독부에서 일했던 사람들의 행정 경험이 아깝다는 이유로 이승만 대통령은 그들의 처벌을 마땅치 않아 했어. 친일파 출신이 많은 한민당도 결사적으로 반민특위 활동에 저항했단다.

나로 말하면, 독립투사들이 목숨 걸고 싸우던 당시에 일본에 협력하며 잘 먹고 잘 살았던 자들이 밉기는 몹시 미웠지. 하지만 어려운 시기이고, 이왕 새로운 나라를 세웠으니 소수의 악질만 처벌하고 다수의 친일 행위자는 용서해 주어야 하지 않나 싶었어.

하지만 과연 어디까지를 처벌 대상으로 하고, 어디부터를 용서해 줄지가 모호했지. 그렇다고 모두 다 용서해 줄 수도 없는 일이고……. 지금 생각해도 골치 아픈 문제로 이러기도 저러기도 쉽지 않았지. 국회에서나 거리에서나 이래야 한다! 아니다, 저래야 한다! 하며 말다툼과 몸싸움이 끊이지 않았어.

광복 후 좌익과 우익의 대립이 이어진 끝에 결국 두 개의 나라로 나뉘더니만, 서로 미워하고 싫어하고, 싸우고 죽이는 일이 그치지 않았던 거야.

그리고 마침내 그날이 왔단다. 1949년 6월 26일……. 그래……, 지금도 잊을 수가 없는 날이지. 할아버지가 여기 저승에 처음 발을 들여놓게 된 날이니까 말이다.

1949년 6월 26일
김구 할아버지, 세상을 떠나시다.

안두희라는 이름의 청년이 전부터 가끔 집에 드나들었었는데, 그날도 찾아와서는 뭔가 짜증 나는 이야기를 늘어놓더니, 품 속에서 권총을 꺼내더구나.

그 청년이 무슨 생각에서 나를 죽이려고 했는지, 혼자 벌인 일인지, 누군가 시킨 일인지······. 그런 건 모르겠고, 알고 싶지도 않단다. 다만 가슴 아팠던 것은, 죽어서 혼이 하늘로 올라가기 전에 마지막으로 내가 살던 집을 돌아볼 때 말이다. 사람들이 싸우고 있는 거였어. 한쪽에서는 내 이름을 부르짖으며 김구 선생님을 살려내라고 하고, 다른 쪽에서는 김구 그놈 잘 죽었다면서, 안두희가 영웅이라고 하고······.

기가 막히더구나. 너무나 슬펐다. 그리고 부끄러웠단다. 한평생 민족의 단결과 부흥을 위해 애써 왔는데, 결국 민족이 갈라지는 걸 못 막았을 뿐 아니라, 더욱 갈라지게 한 계기만 되었을 뿐인가, 하고 말이다. 내 영혼은 깃털보다도 가볍게 하늘로 날아갔지만, 마음은 납덩이보다 더 무거웠단다.

한반도를 뒤덮은 증오와 불신의 그림자

그리고 나는 예감했단다. 이 한반도를 뒤덮은 증오와 불신의 그림자, 악마의 장난처럼 계속 커지기만 하는 그 그림자 속에서 싸우고 있는 사람들. 그것은 결국 더 무시무시하고 더 끔찍한, 어쩌면 일본의 강제 점령 시대보다도 더 나쁜 일을 일으키고야 말리라고.

그래.

내가 예감했던 것은 '전쟁'이었다. 그리고 내가 죽은 지 정확히 1년 뒤에, 그것은 일어났단다.

그 사이에 남녘에서는 반민특위가 반강제로 해체되고, 일본의 지배에 협력한 사람들이 죄를 밝힐 기회를 잃어버렸지. 또 사회주의 정당들이 불법화되고, 그들은 무기를 들고 산속으로 들어가 대한민국에 대항해 싸웠어.

북쪽에서는 북쪽대로 조만식 선생을 비롯한 우파 종교인들을 탄압하고 있었단다. 해주에서 공산주의에 반대하는 청년들이 시위를 벌였다가, 가혹한 고문과 처형을 당하기도 했지. 북한의 우파들은 남쪽으로 내려오고, 남한의 좌파들은 북쪽으로 올라가는 일이 계속되었어. 대한민국과 조선 민주주의 인민 공화국은 이미 서로를 쳐부숴야 할 대상으로 못 박은 채 비난을 거듭했으며, 38선 근방에서는 크고 작은 무력 충돌이 끊이지 않았지.

　그래서, 우리 민족사에 둘도 없는 비극은 일어나고야 말았단다……. 지금도 그때 생각을 하니 가슴이 미어지는구나. 그래……, 그럼 오늘은 여기까지 하자. 잘 있어라, 역돌아.

백범 김구 할아버지가.

보낸 사람　|　역돌@대한민국.net
보낸 날짜　|　2010년 X월 XX일
받는 사람　|　백범@하늘.org

　할아버지……, 역돌이에요.
　할아버지가 보내신 메일 받고 울었어요……. ㅠㅠ
　죄송해요. 걱정하실 일은 아니고요. 그냥 총에 맞으셨을 때 얼마나 아프셨을까 싶었고, 마지막 가실 때 보신 게 마음을 그렇게 아프게 하는 모습이었다니……. 정말 마음이 짠했어요.

휴~ 생각하면 다 같은 민족이고, 얼마 전까지 일본 사람들 때문에 함께 고생하던 처지인데……, 왜 그렇게 서로 헐뜯고 싸워야 했을까요? 할아버지 메일을 몇 번씩 읽었지만 답이 안 나와요. 제가 아직 어려서 모르는 걸까요?

하긴 저도 전에 철수하고 별것도 아닌 일로 싸워서 며칠 동안 말도 안 하고 쳐다도 안 보고 그랬죠. 결국 화해하고, 우리 집에서 함께 게임을 하고 그랬지만. 어른들은 몸집도 크고 생각도 복잡하니까 싸워도 엄청 지독하게 싸우게 되는 걸까요?

아무튼 주신 메일 감사해요. 많이 배우고 있어요.

이제 본격적으로 전쟁 이야기를 해 주실 텐데……, 궁금한 건 누가 먼저 전쟁을 시작했는지, 누가 더 잘못을 많이 했는지예요. 전쟁인데, 축구 시합하듯이 날짜 정해 놓고 동시에 시작하지는 않았을 거 아녜요? 그러면 먼저 시작한 쪽이 더 잘못한 거겠죠? 그럼 다음 메일 기대하면서 이만 쓸게요.

고마워요. 그리고 사랑해요, 백범 할아버지~^^

역돌이가.

보낸 사람 | 백범@하늘.org
보낸 날짜 | 2010년 X월 XX일
받는 사람 | 역돌@대한민국.net

역돌이에게.

잘 지냈니? 요즘은 날씨도 좋지 않던데, 아픈 데 없이 튼튼하게 지내고 있나 궁금하구나.

오늘은 네 말처럼 본격적으로 전쟁 이야기를 할 거란다.

그런데 네가 물어본 것, 누가 먼저 전쟁을 시작했느냐……. 이게 사실 좀 어려운 문제란다.

북한군의 남한 기습 공격

잘라 말하면 북한이 전쟁을 시작한 게 맞다. 당시 남한은 정부에서 '북진 통일', 다시 말해서 북한을 공격해서 무너뜨리고 통일하겠다는 주장을 되풀이하고 있었지만 사실 그럴 힘도 뜻도 없었지. 반면 북한은 진작부터 소련, 중국과 협의하며 전쟁 준비를 진행해 왔단다.

당시 38선 부근에서 서로 크고 작은 충돌이 잦았는데 그중 하나가 그만 너무 커져서 전쟁이 된 거라는 말도 있고, 남한이 먼저 해주를 공격했다는 말도 있고, 심지어 남한과 미국이 서로 짜고 저쪽의 공격을 유도하려고, 일부러 미군을 철수시키고 미국이 남한을 지켜 줄 생각이 없는 것처럼 보였다는 말까지 있지. 하지만 북한이 작정하고 남한을 공격한 게 맞단다.

그러면 네 말대로 먼저 공격한 북한의 잘못이 더 큰 걸까?

일단은 그렇겠지. 그런 점에서 남·북한이 화해하려면 북한 쪽에서 어떻게든 이 일을 사과해야 한다고 생각한다.

그러나 남한도 아주 잘못이 없지는 않아. 허풍일망정 북진 통

1950년 6월 25일
우리 민족의 최대 비극인
6·25 전쟁이 일어났어.

일을 주장했고, 사회주의자나 북한과 친해 보자는 사람들을 사정없이 처벌하고 내쫓았잖니.

　남·북한 모두 분단 상태가 당연하지 않다고, 다시 통일해야 하다고 여기면서, 상대방과 화해하고 협의할 생각은 안 하고 상대를 무너뜨리고 없애려고만 했던 거지. 그러니까 전쟁의 책임은 북한이 일단 져야 마땅하지만, 남한도 그렇게 잘한 것은 없어.

아무튼 1950년 6월 25일, 북한군은 남한을 기습 공격해 왔단다. 38선 전체에서 전투가 벌어졌지만 서울이 주된 목표였지. 북진 통일 노래를 부르던 이승만 정부는 무기에서 열세이고 기습까지 당한 국군이 사정없이 깨어지자 한강 다리를 끊어 버리며 남쪽으로 피신했단다.

북한군은 사흘 만에 서울을 점령했고, 이후에도 낙동강까지 국군을 몰아붙여 그들이 원하던 무력 통일을 거의 달성하는 것처럼 보였지. 하지만 두 가지 변수가 있었단다.

하나는 이승만 정부에 실망한 남한 국민이 북한군을 반길 거라고 믿었던 김일성의 생각과는 달리, 저항이 심했다는 것이지. 그 이유로 우선, 아무리 통일이 좋아도 탱크를 앞세우고 밀고 들어와 합법적으로 세워진 정부를 쓰러뜨리려는 행동은 환영할 수 없었던 것, 또 이승만 정부가 전쟁 직전에 토지 개혁을 실시해서 북한 쪽이 "우리는 지주들이 대부분의 땅을 차지한 남조선과 달리 토지를 농민에게 나눠 주었다"고 자랑하던 점이 빛을 잃었다는 것을 들 수 있어.

그리고 북한군이 남한 땅을 점령하는 동안 미움을 살 만한 짓을 했단다. 무엇보다 인민재판이라고 해서 남한의 부자와 공무원들을 잡아다가 말뿐인 재판을 거쳐 살해했는데, 부자와 공무원이라고 다 나쁜 사람이겠니? 그런데 무조건 죄인 취급했을 뿐 아니라 이건 아닌 것 같다고 반대하는 사람들까지 '반동'으로 몰아 처벌했지. 그러니까 북한과 사회주의에 대해 나쁘게 생각하지 않던 사람들까지 생각을 고치게 된 거야.

그리고 두 번째 변수는 미국의 개입이었지. 북한과 소련은 전쟁이 일어나도 미국이 개입하지 않을 줄만 알았어. 전쟁 직전 한국 주둔 미군을 철수시켰고, 미국의 일차적 방어선을 뜻하는 '애치슨 라인'에서 한국을 제외했거든. 하지만 예상 밖으로 미국은 빠르고 적극적으로 개입했지 뭐니?

유엔에서도 자신들이 남한 지역의 합법 정부로 인정한 대한민국이 허무하게 망하는 일을 두고 볼 수 없었지. 유엔군의 투입에 상임이사국인 소련이 거부권을 던질까 우려했지만, 소련은 전쟁 책임을 떠안는 것이 부담스러웠던지 다른 문제를 핑계 삼아 안전 보장 이사회에 나오지 않았어. 그래서 미군을 주축으로 한 16개국의 유엔군이 한반도에 상륙했지.

미군과 유엔군의 참전

맥아더라는 장군 이름을 혹시 들어 보았니? 더글러스 맥아더는 제2차 세계 대전에서 일본을 패망시키는 데 큰 공을 세운 미국의 명장이었어. 그런데 그만큼 타협보다 힘으로 해결하는 걸 좋아했고, 사회주의를 무척 싫어했지.

그가 대담하게 계획한 인천 상륙 작전이 성공한 후 전세는 완전히 역전되어 북한군은 쫓기고, 미군과 국군은 그 뒤를 쫓는 상황으로 바뀌었지. 감격한 이승만과 많은 한국 사람이 맥아더를 구세주로 받들었는데, 그보다 앞선 7월에는 맥아더에게 한국군의 작전 지휘권을 넘겨주기도 했어.

작전 지휘권이란 군 병력에 진격하라, 후퇴하라 등등 명령을 내려서 전쟁을 지휘할 수 있는 권한이야. 본래는 대통령에게 있어야 할 권한인데, 당시에는 우리 정부가 사방에 흩어진 국군을 지휘하기도 어렵고, 유엔군과 국군을 한 군대처럼 지휘하는 게 더 효과적이다 싶어서 유엔군 사령관인 맥아더에게 넘겨준 거지.

전쟁이 끝난 뒤에도 작전 지휘권은 작전 통제권이라는 이름으로 계속 한미 연합사의 사령관에게 주어졌고, 한미 연합사 사령관은 미군 장군이 맡게 되어 있기 때문에 지금도 실질적으로 한국군을 지휘할 권한이 미국의 손에 있는 셈이란다.

이 중 평시 작전 통제권, 즉 지금처럼 전쟁이 없는 평화로운 때의 통제권은 1994년에 한국 정부에 돌아왔지만 전시 작전 통제권은 아직 그대로야.

아무튼 맥아더가 이끄는 유엔군과 국군은 순조롭게 북한군을 밀어붙여, 1950년 10월 1일에는 38선을 넘어 북한 지역까지 들어갔단다. 사실 이때 미국과 유엔에서는 말이 많았다더라. 대한민국을 침공한 북한군을 내쫓는 것은 당연하지만, 북한 땅까지 쳐들어가는 것은 지나치지 않느냐는 거였지.

하지만 맥아더는 완강했어. "전쟁에서는 적이 비틀거릴 때 완전히 때려눕혀야 한다"는 거였지. 이대로 유엔군이 물러가면 북한은 힘을 회복해서 다시 쳐들어올 것이 아니냐고. 결국 그의 주장대로 미군과 국군은 북상을 계속해 10월 19일에는 평양을 점령하고, 10월 26일에는 국군이 압록강까지 도달했단다. 어찌 됐든 이제는 북한을 없애고 대한민국으로 통일되게 되었다며 환호하는 사람이 많았지.

그런데 뜻밖의 사태가 벌어졌어. 국경을 마주하는 북한이 무너질 경우 자신들도 위험하다고 생각한 중국이 쳐들어온 거야. 허를 찔린 미군과 국군은 다시 남쪽으로 후퇴했고, 1951년 1월 4일에는 다시 서울을 빼앗기기까지 했어. 그 뒤 반격으로 되찾았지만 말이지.

그 뒤로는 국군-미군 대 북한군-중국군의 밀고 밀리는 대결이 이어졌는데, 처음처럼 일방적인 전쟁이 되지 않고 38선을 중심으로 엎치락뒤치락하며 시간만 지나갔단다, 물론 그 사이에 군인이나 민간인이나 엄청난 피해를 보고 있었지.

이렇게 되니 미국에서는 애초 목적인 대한민국 보호는 달성했으니, 더 이상 전쟁을 끌지 말고 휴전하자는 이야기가 나오기 시작했어. 하지만 이렇게까지 된 이상 통일이라도 해야 한다고 생각한 남한 국민은 반대했지. 이승만 대통령과 맥아더 장군도 뜻이 같았어.

　맥아더는 전세를 만회하기 위해 중국에, 그리고 북한에다 핵폭탄을 떨어뜨려야 한다고 강력히 주장했단다. 역돌이가 보기에는 통쾌한 주장일 수도 있겠지만, 생각해 보면 정말 위험한 얘기지. 핵폭탄을 쓰면 수많은 사람이 죽고, 살아나더라도 방사능 때문에 평생 고통에 시달리지 않겠니? 그리고 소련까지 전쟁에 뛰어들게 될지도 몰랐고.

　제3차 세계 대전을 일으킬 수는 없다고 생각한 미국의 트루먼 대통령은 마침내 맥아더를 해임했어. 그리고 휴전을 추진했단다. 결국 1953년 7월 27일, 판문점에서 미국, 중국, 북한 대표가 만나 휴전 협정에 합의함으로써 한국 전쟁은 3년여 만에 끝났지. 협정에 우리가 빠진 까닭은 이승만 대통령이 휴전을 인정할 수 없다며 불참했기 때문이야.

전쟁으로 사라진 300만 명의 고귀한 생명

　이렇게 전쟁은 끝났지만, 결과는 그야말로 참담했지. 남한 사람 130만 명 이상이 죽거나 다쳤단다. 그중 대부분이 민간인이었지. 아무 죄 없는 국민이 피난 가다가 북한군의 대포에 맞아 죽고, 미군이 잘못 떨어뜨린 포탄에 맞아 죽고, 북한군에게 학

6·25전쟁으로 300만 명의 고귀한 생명이 사라졌어.

살당하고, 그들을 도왔다는 혐의로 다시 국군에게 살해당하는 등 억울하고 원통한 죽음이 수없이 많았단다.

　북한도 다르지 않았어. 사망자가 200만 명 이상이었어. 북한 인구 열 명 중 두 명 가까이 죽었다는 이야기였지. 유엔군과 중국군의 사망자까지 합치면 300만 명이 넘는 고귀한 생명이 이 전쟁으로 사라져 버린 거란다.

　재산 피해도 엄청났지. 전 국토가 쑥대밭이 되고, 공업 시설과 도로, 다리 등 주요 시설이 80퍼센트 이상 파괴되었으니 말이다. 전쟁에서 간신히 살아남은 사람들도 당장 먹고살 길이 막막했지.

　결국 일본의 손에서 놓여난 후에 서로 단결하지 않고 패거리를 나누며, 이해하지 않고 미워하며 공격한 게 이렇게까지 비참한 결과로 이어진 거였어.

　그뿐이 아니고 이 전쟁은 두고두고 남·북한 모두에 후유증을 남겼단다, 지금도 이어지고 있는……. 하지만 이 이야기는 다음번 메일에서 하자꾸나. 읽느라 수고 많았다.

　역돌아, 그럼 안녕!

백범 김구 할아버지가.
할아버지도 역돌이를 사랑한단다!

보낸 사람 | 역돌@대한민국.net
보낸 날짜 | 2010년 X월 XX일
받는 사람 | 백범@하늘.org

할아버지! 역돌이에요.

어휴……, 정말 가슴이 아프네요. 전쟁이라고 말이 쉽지. 그렇게 끔찍할 줄은 몰랐어요. 정말 우리 역사, 특히 현대사에는 가슴 아픈 일이 많았던 것 같아요, 역사 배우는 일을 그만두고 싶을 정도로…….

하지만 할아버지가 말씀하신 대로, 잘못된 일, 옳지 않았던 일도 다 배워야 가치가 있는 거겠죠? 제대로 배워서, 앞으로는 그러지 않도록 애쓰는 게 우리의 사명이겠죠? 그러니까 앞으로도 귀한 이야기 계속 들려주세요~ ^^

그럼 다음 이야기 기대하고 있을게요. 안녕히 계세요!

＊전쟁, 정말 끔찍하다고만 느꼈는데, 유일하게 기분 좋았던 것은요……, 그건…… 할아버지도 역돌이 사랑한다고 끝에 쓰신 거였어요. ^O^

할아버지가 일찍 돌아가셔서 할아버지 있는 애들이 부러웠는데, 정말 잘 됐지 뭐예요? ㅎㅎ

역돌이가.

보낸 사람 | 백범@하늘.org
보낸 날짜 | 2010년 X월 XX일
받는 사람 | 역돌@대한민국.net

역돌이에게.

하하, 역돌이가 그랬었구나! 이거 참, 이미 죽은 몸이라 살아 계신 분들만큼

은 어렵겠다만, 그래도 힘닿는 대로 잘해 줘야겠구나. 어허, 이거 죽어서도 손자 보느라 바쁘게 생겼는걸? 허허허…….

 자, 그럼 오늘의 주제로 들어가 보자. 한국 전쟁이 이후의 역사에 미친 영향, 이거였지?

한국 전쟁으로 미움의 골이 깊어지다

 먼저 전쟁에서 살아남은 남·북한의 국민이 서로 어떻게 보게 되었는지부터 생각해 보자. 말했다시피 불신과 증오가 전쟁을 낳았지. 그럼 전쟁을 치르고 나서 '아, 우리가 잘못했구나. 공연히 동족끼리 미워하다가 모두 비참하게 되었구나.' 하고 반성하고, 화해할 생각을 했을까?

 그래야 옳겠지? 하지만 현실은 슬프게도 정반대였단다. 전쟁을 치른 두 나라는 서로에 대한 원한과 증오심이 하늘을 찌르게 되어 버렸지. 이런 노래 아니?

 아아, 잊으랴, 어찌 우리 이날을.
 조국의 원수들이 짓밟아 오던 날을.

 얼마 전까지만 해도, 한국 전쟁이 뭔지도 잘 모르는 어린이들도 선생님의 피아노 반주에 따라 목청껏 불렀던 '6·25의 노래'

란다. 역돌이 아버지와 어머니도 역돌이만 하실 때 부르셨을 거다. 한국 전쟁을 기념하는 노래……. 그런데 동족끼리 서로 싸우고 죽인 이 전쟁이, 노래에서는 '조국의 원수들'의 침략으로만 나타나 있지?

마치 고구려를 침략한 중국이나 임진왜란을 일으킨 일본처럼 북한을 조국의 원수로 나타낸 거지. 증오심을 잔뜩 담아서 말이다.

오늘날에는 중국이나 일본과는 오히려 잘 지내면서, 북한과는 아직도 총부리를 겨눈 채로, 피가 섞인 형제·자매의 나라를 원수 바라보듯 하고 있지. 북한도 마찬가지고.

이제야 갚으리, 그날의 원수를.
쫓기는 적의 무리, 쫓고 또 쫓아,
원수의 하나까지 쳐서 무찔러,
이제야 빛내리. 이 나라 이 겨레!

그 노래의 뒷부분이란다. 북한 사람은 동족도 이웃도 아닌 원수일 뿐이고, 그들을 악착같이 쫓아가서, 한 사람 한 사람을 다 죽이고야 말겠다는 가사 아니니? 그리고 그것이야말로 이 나라 이 겨레를 빛내는 길이라고 당당히 밝히고 있지.

왜 그렇게 증오가 심해졌는지 이해가 잘 안 가니?

당시 전쟁으로 얼마나 많은 사람이 죽었니? 그들은 누군가의

전쟁으로 많은 사람들이 죽었어. 사랑하는 사람들을 잃은 사람들은 증오와 원한을 품었어.

부모, 형제, 남편, 부인, 자식들이었지. 그렇게 사랑하는 사람들을 빼앗았다면 그 증오와 원한이 쉽게 삭혀지지 않겠지? 그래서 오늘날에도 전쟁을 겪으신 어르신들은 북한이라고 하면 결코 용서할 수 없다고 생각하시는 분이 적지 않단다. 북한 쪽에서도 그러겠지.

이렇게 지워지지 않는 증오와 원한을 품고, 그것을 전쟁을 모르는 세대에게 가르치다 보니, 남과 북 사이에는 휴전선보다 더 높고 어둡고 무시무시한 장벽이 생기고 말았어.

그리고 두 나라의 통치자들은 그 감정을 잘 이용했지. 남한에서는 이승만 대통령이나, 뒤이어 군사 쿠데타로 정권을 잡은 사람들이 자신들의 독재를 정당화하는 데 이용했단다.

"우리가 지금 이렇게 민주주의니 뭐니 하며 옥신각신할 때가 아니다. 언제 북한이 또 쳐들어올지 모른다. 대통령에게 힘을 몰아주자." 이런 식으로 국민을 꼬드긴 거지. 실제로 잘 먹혔고.

앞으로 보겠지만, 수십 년 동안 대한민국의 정치는 북한에 대한 불신과 증오가 큰 몫을 했단다. 북한도 마찬가지였어. 김일성은 한반도를 전쟁으로 몰아넣고 북한 주민들도 수없이 죽게 만든 책임이 있는데, 전쟁 후에 오히려 권력이 더 강해져서 거의 신처럼 숭배받았단다. "미 제국주의자들과 남조선이 침공해 올지 모른다"는 핑계가 큰 몫을 했지.

그럼 이제 한국 전쟁이 역사에 미친 두 번째 영향을 볼까?

이것은 첫 번째 결과인 증오와 관련되는데, 사회주의자들은 남한 땅에서 발을 못 붙이게 된 거였단다. 말했지만 사회주의 자체는 결코 나쁘다고 할 수 없고, 폭력을 정당화하지만 않으면 어엿한 정치 이념의 하나로 인정받아야 마땅하지. 서구의 여러 나라에는 사회주의 정당들이 있어, 집권하는 경우도 많고 말이다. 가까운 일본만 해도 사회주의를 내세우는 정당이 무시 못 할 힘을 가지고 있지.

하지만 대한민국에서는 어림없는 소리였어. 전에 말한 것처럼 일본의 지배에서 놓여날 즈음에는 오히려 사회주의자들이

왜 전쟁이 일어났나요? | 71

사회주의를 반대하는 사람보다 많았단다. 그러나 신탁 통치 문제로 세력이 약해지고, 대한민국 수립과 함께 수세로 몰리더니, 전쟁이 끝난 뒤에는 증오를 한몸에 받아야 했지.

좌파가 얼마나 용납되지 못했는가 하면, 1959년에는 장관에다 대통령 후보까지 했었던 조봉암이라는 사람이 '과거에' 사회주의를 공부했었고 북한과의 평화 통일을 주장했다는 이유로 간첩 혐의를 받고 사형에 처해졌단다.

1986년에도 유성환이라는 국회의원이 "대한민국의 국시는 통일"이라고 발언했다가 한바탕 곤욕을 치렀지. 국시란 가훈이나 급훈처럼 한 나라가 받들어 나가야 할 원대한 목표를 말하는데, "국시가 반공이지 어째서 통일이냐, 너 빨갱이지?" 이런 식으로 엄청난 비난을 받았던 거란다.

오랫동안, 사회주의를 다룬 책이나 영화를 보기만 해도 빨갱이라는 혐의로 처벌을 받았고, 신문은 김일성이나 김정일의 사진을 실을 수 없었단다. 보는 것만으로 감염되는 초특급 바이러스라도 되는 듯 말이다.

1980년대 말 민주화가 되면서 차차 그런 규제는 줄어들어서 지금은 사회주의적인 정당도 있지. 하지만 아직도 많은 국민에게 불신을 받고 있어. 북한을 지지하는 발언을 하거나 사회주의를 공부하면 잡아갈 수 있는 법률도 아직 없어지지 않고 있고.

마지막으로 세 번째, 전쟁의 결과 우리 대한민국은 미국에 크게 기대야만 하는 나라가 되었단다. 미국이 우리를 지켜 주지 않으면 언제 또다시 전쟁이 날지 모르고, 전쟁으로 파괴된 경제도 미국의 도움에 기대야 했으니까. 부끄러운 일이지만, 1960년대가 되어서도 미국의 원조가 경제의 절반을 차지할 정도로 오랫동안 우리는 미국의 도움이 없다면 굶을 수밖에 없는 나라였단다. 그러다 보니 여러 면에서 미국에 의지하고, 미국이 하는 대로 따라하는 나라가 되어 버렸지.

역돌이 너도 학원이니 뭐니 다니면서 영어 공부하느라 골치가 아프지? 그렇게 온 국민이 영어를 열심히 공부해야 살아갈 자격이 있는 것처럼 된 것도 그렇고, 외교에서도 우리로서는 별로 끼어들고 싶지 않은 먼 외국의 전쟁터에도 미국이 들어가니까 함께 들어갈 수밖에 없는 등 미국의 눈치를 보는 경우가 많지.

일부 오만한 미국인들이 우리 땅에서 벌이는 행패에 당당하게 항의하고, 심한 행패는 우리 손으로 처벌하는 일조차 마음대로 하기 어렵고 말이다.

그래서 어떤 사람은 대한민국이 미국의 식민지라고까지 말하더라만, 그 정도는 아니지. 하지만 좀 더 자주적이 될 필요는 있다고 본다. 1950년대에는 우리가 약했고, 전 세계가 한 편에는 미국을, 다른 편에는 소련을 중심으로 해서 대결을 벌이는 판국이었으니 그때는 그럴 만도 했어. 하지만 이제는 아니잖니?

이런 문제들은 앞으로도 태일이 형이나 종철이 형의 이야기에서 계속 나올 거다. 잘 이해가 안 되는 부분은 그때 물어보렴. 그러면 이 메일을 끝으로 나는 잠시 쉬겠으니, 두 형과 재미있게 공부해 보아라. 그동안 정말 즐겁고 뿌듯했다. 내게 몸이 있다면 안아 주고 싶구나.

사랑하는 역돌아, 열심히 공부하렴! 그리고 곧 다시 만나자!

백범 김구 할아버지가.

보낸 사람 | 역돌@대한민국.net
보낸 날짜 | 2010년 X월 XX일
받는 사람 | 백범@하늘.org

할아버지~ 역돌이에요~!
보내 주신 메일 잘 받았어요. 역시……, 전쟁이란 무섭군요!
전쟁이란 많은 사람이 죽고 다치는 것만으로 끝나지 않고, 오래오래 좋지 않은 영향을 미치는 것 같아요. 앞으로 이 땅에서 다시는 그런 전쟁이 일어나지 않도록, 앞으로 우리가 열심히 해야겠지요? ^^
그리고 이제 한동안은 김구 할아버지 글을 못 본다니 좀 서운해요~ -_-;;; 그럼 할아버지, 그동안 주신 글들 정말 정말 고마웠어요! 절대 잊지 않고, 잘 새길게요! 앞으로도 더 열심히 공부할게요! 할아버지도 응원해 주세요!
그럼 금방 다시 만나요!

할아버지의 '예쁜(??) 손자(!!)' 역돌이가……. *^^*

연표로 살펴보는 우리 현대사

1948년 10월 19일 ─● 여수·순천 사건.
1949년 6월 26일 ─● 김구 암살.
1949년 8월 22일 ─● 반민특위 해체.
1950년 1월 12일 ─● 미국이 한반도를 기본 방어선에서 제외한다는 내용의 '애치슨 라인' 발표.
1950년 6월 25일 ─● 한국 전쟁 발발.
1950년 9월 15일 ─● 유엔군의 인천 상륙 작전.
1950년 10월 8일 ─● 중국의 한국전 개입 공식 결정.
1951년 4월 11일 ─● 맥아더 해임.
1952년 5월 25일 ─● 부산 정치 파동. 이후 제1차 개헌(발췌 개헌)으로 대통령 직선제가 됨.
1953년 7월 27일 ─● 휴전 협정 체결.
1953년 10월 1일 ─● 한미 상호 방위 조약 체결.

 민주주의란 무엇인가요?

> 보낸 사람 | 종철@하늘.org
> 보낸 날짜 | 2010년 X월 XX일
> 받는 사람 | 역돌@대한민국.net

역돌아! 안녕! 나 종철이 형이야!

그동안 백범 선생님과 공부 잘했니? 잘했겠지? 지금부터는 나랑 한국 전쟁 이후에서 4·19 혁명까지의 한국사, 그러니까 대략 1950년대에 무슨 일이 일어났는지 공부해 보자!

먼저 백범 김구 선생님과는 달리 난 별로 유명하지 않으니까, 간단하게 내 소개부터 해 볼까?

흠흠, 형은 1964년에 태어났어. 부산에서 고등학교를 나오고, 서울대학교 언어학과에 들어갔지. 당시 우리나라의 정치 현실이 답답해서 그것을 바꿔 보려고 했던 선배, 친구들과 민주화 운동을 했어.

그러다 3학년이던 1987년에 특별한 일을 겪게 되는데……, 그건 나중에 이야기하기로 하자.

그러고 보니 내가 태어나지도 않았던 1950년대 이야기를 맡은 셈이구나! 헤, 좀 그런가? 그래서 태일이 형이 하면 어떨까도 싶었지만……. 형이 그때 태어나지는 않았어도 선배들에게 이야기를 많이 들었거든……. 그리고 여기 저승에 와서는 김주열이라는 선배하고 이야기를 많이 했어.

김주열 선배는 1960년에 고등학생이었는데, 역시 민주화 운동을 하시다 나하고 비슷한 일을 당하신 분이지. 그분한테 당시 이야기를 많이 듣고 했으니까, 역돌이가 궁금해하는 점을 내가 이야기해도 별문제 없을 거야!

미군이 먹다 버린 음식물 찌꺼기, 부대찌개

그럼 본격적으로 1950년대 이야기를 해 보자~

김구 선생님이 말씀하신 것처럼 전쟁이 끝난 뒤의 대한민국은 아주 살기 어려웠어.

'1인당 국민 소득'이라는 말이 있어. 한 나라에서 벌어들인 소득을 국민의 수로 나눈 거야.

1950년대에는 우리나라의 1인당 국민 소득이 50달러에서 60달러 사이였단다. 지금은 약 2만 달러 정도 되니까, 당시 우리가 얼마나 못살았는지 알 수 있지? 당시 다른 나라들과 비교해 봐도 우리보다 국민 소득이 적은 나라는 한두 나라에 지나지 않을 정도였단다.

그러니 국민의 살림살이가 넉넉할 리 없었지. 하루 세끼 밥을

먹는 사람이 흔치 않을 정도였대.

역돌이도 먹어 보았는지 모르겠는데, '부대찌개'라는 게 있지. 지금은 신선한 재료를 써서 맛있게 만드는 어엿한 음식이지만, 원래는 미군이 먹다 버린 음식물 찌꺼기를 주워 모아 만든 먹을거리였대……. 기가 막히지? 하지만 그것이 당시의 현실이었어.

이렇게 국민이 허덕이는 동안 정치는 어땠을까?

가난에서 벗어나려는 노력이 없지는 않았어. 나름대로 경제 개발 계획도 세웠고, 특히 1954년에 모든 국민이 교육을 받도록 하는 의무 교육 제도를 시행한 점은 나중의 경제 발전에 밑거름이 되었단다.

사람은 공부를 해서 아는 것이 있어야 돈을 벌 수 있고, 성공할 수도 있으니까. 일본이 우리나라를 지배할 때는 일부러 국민 대다수가 공부를 하지 못하게 만들었거든. 많이 배우면 일본에 반항하는 사람들이 늘까 봐 그랬겠지.

그래서 광복 당시에는 국민의 80퍼센트가 글을 읽고 쓸 줄 몰랐는데, 1950년대의 노력으로 점차 교육 수준이 높아졌어.

독재 권력을 휘두르는 이승만 대통령

하지만 당시의 정치는 독재 권력을 휘두르는 이승만 대통령과 그것을 막으려는 야당 사이의 대립과 다툼으로 얼룩졌단다.

어째서 그랬을까? 이승만 대통령은 독재에 유리한 점이 많았어. 그때는 초등학생도 드물었어. 대학생이라면 동네에 한 사람이 있을까 말까 할 정도였거든.

그런데 이승만 대통령은 대학교를 나왔을 뿐 아니라 미국에서 박사 학위까지 받았으니, 당시로써는 그것만으로도 모든 국민이 우러러보기에 충분했지.

게다가 이승만 대통령에게는 사람을 끌어당기는 매력과 리더십이 있었어. 그래서 일제 강점기 때는 임시 정부의 초대 대통령을 지냈었고. 뒤에는 너무 미국만 바라본다고 해서 다른 독립운동가들에게 따돌림을 당했지만 국내에는 대표적 독립투사로 알려졌었지.

그리고 국민의 반공 감정을 이용해서 "모든 국민은 나한테 붙어라! 단결해서 북한을 이기자!" 이렇게 주장할 수 있었지. 게다가 당시 경제를 지탱하고 있던 미국의 원조를 누구한테 어떻게 나눠 주느냐가 이 대통령에게 달렸었으니, 독재할 힘이 넘쳤지.

이승만 대통령은 한때 좌파나 김구 선생님 등을 몰아내려고 한민당과 손을 잡긴 했지만, 그다음에는 오직 자신만을 떠받드

우리나라 초대 대통령은 이승만 대통령이야.

는 무리로 정치를 하려고 자유당이라는 정당을 만들었어. 이에 반대한 일부 한민당과 옛 임시 정부 사람들은 힘을 합쳐 민주당이라는 정당을 만들었지.

그 뒤로 이승만 정권이 끝날 때까지 자유당과 민주당 사이에는 한시도 화합하는 모습은 볼 수 없었고, 보통으로 싸우느냐, 심하게 싸우느냐만 있었어. 심하게 싸울 때는 국회에서 국회의원들끼리 토론과 논쟁을 하며 뜻을 조정해 나가는 게 아니라, 경찰이, 심지어는 폭력배가 동원되고는 했단다.

아직 전쟁 중이던 1951년 11월에는 야당 의원들을 잡아 가두고 국회를 해산한다고 한참 난리를 부린 끝에, 이 대통령에게 유리한 식으로 헌법을 고치는 '부산 정치 파동'이라는 일이 있었고, 1958년 12월에는 정부에 반대하는 사람을 맘대로 가두고 처벌할 수 있게 하는 보안법을 만드느라 이에 반대하는 국회의원들을 강제로 국회에서 끌어낸 '보안법 파동'이 있었단다.

1959년 4월에는 정부에 비판적이던 〈경향신문〉을 강제 폐간시키는 등 야당뿐 아니라 이 대통령의 눈에 거슬리면 누구도 무사하기 어려웠어. 뒷골목의 불량배들을 고용해서 반정부 인사들에게 폭력을 휘두르기도 했어.

그런데 이승만 대통령은 대통령이 될 때 이미 74세로 나이가 많았거든. 일일이 정치 문제를 살피기엔 힘이 부쳤지. 그래서 부인인 프란체스카 여사나 비서 출신의 이기붕 등 마음에 드는 사람들의 의견을 많이 받아들이고, 그들에게 정치를 대리시키기도 했어.

그러다 보니 대통령이 좋아하는 사람들에게 아부하고, 심지어 뇌물을 바쳐서 부정한 이득을 챙기는 사람이 날로 늘어난 거야.

지금은 대통령이 일을 보는 집을 '청와대'라고 하는데 그때는 '경무대'라고 했지. 그런데 이기붕이 살던 서대문 집을 가리켜 '서대문 경무대'라고 불렀대. 그만큼 이기붕에게 잘 보이면 못 하는 일이 없었다는 거지.

정상적인 정치라면 그런 나쁜 일이 벌어지는 것을 언론에서 고발하고, 야당에서 비판하고, 법원에서 처벌하겠지. 하지만 독재다 보니 아무도 그런 일을 제대로 막을 힘이 없었어. 그래서 독재는 나쁘다는 거야.

이런! 처음이고 하니까 간단히 끝내려고 했는데 어느새 말이 많아졌구나. ^^;; 다음 이야기는 뒤에 또 하자! 그럼 역돌아, 다음에 또 봐!

종철이 형이.

보낸 사람 | 역돌@대한민국.net
보낸 날짜 | 2010년 X월 XX일
받는 사람 | 종철@하늘.org

종철이 형, 안녕하세요? ^^

형의 첫 메일 고맙고 재미있게 읽었어요. 전쟁 직후니까 어쩔 수 없었을지 몰라도, 정말 여러 가지로 어렵고 대책 없는 시절이었군요…….

그걸 보면 우리가 운이 참 없나 봐요. 이승만 같은 사람이 아니라 세종대왕 같은 분이 우리의 첫 대통령이었으면 좋았잖아요? 아니면 김구 할아버지가 되시든지요.

그런데 한 가지 궁금한 건요……, 그렇게 정치를 잘 못하고 더군다나 독재도 하는데, 왜 국민은 그걸 그대로 놔뒀죠? 그때는 선거를 하지 않았나요? 아니면 선거할 때 옆에 경찰이 서 있어서 정부에게 유리하게만 투표하도록 했다거나……. 그런 건가요? 알고 싶어요. @@

그러면 저도 밀린(^^;;;) 숙제 열심히 하며 기다리고 있을게요. 종철이 형, 다음번 메일 빨리 보내 주세요! 기대 만빵!

역돌이가.

보낸 사람 | 종철@하늘.org
보낸 날짜 | 2010년 X월 XX일
받는 사람 | 역돌@대한민국.net

안녕, 역돌아? 숙제는 다 했니? ^^

역돌이가 보내준 메일 읽어 보니, 짚고 넘어가야 할 부분이 있더구나. 오늘은 그 이야기를 하고 싶다.

먼저 이승만 대신 세종대왕이나 김구 선생님 같은 분이 대통령이 되었다면 나았을 거라고 했지?

글쎄, 어느 정도는 맞겠지. 어느 나라나 가장 높은 권력을 가진 사람의 재능이나 성격에 많은 영향을 받으니까. 아무나 대통령을 해도 된다면 굳이 TV 토론까지 해 가며 더 나은 사람이 누군지 검증한 다음 선거를 하지는 않겠지.

하지만 역돌아, 민주주의라는 것은 말이다. 어느 한 사람의 힘에 모든 것을 맡기는 것은 아니야.

민주주의와 독재

역돌이도 학교에서 반장을 뽑지? 그러면 반장은 옛날의 왕에 가까울까, 민주주의를 하는 오늘날의 대통령에 가까울까?

왕이라면 그 나라의 모든 것을 한 손에 쥐고, 모든 백성 위에 신이나 부모처럼 군림하는 사람이겠지? 그렇다면 아무래도 반장을 왕이라고 하기는 좀 그렇지. 리더쉽이 있고 머리가 똑똑할지는 몰라도, 반장은 너희를 대표해서 학급의 일을 담당할 너희 친구 중 하나일 뿐이니까.

민주주의를 하는 곳에는 왕이 있을 수 없단다. 대통령인데도 왕처럼 모든 것을 자기 마음대로 하려는 자가 있다면, 그가 바로 독재자인 것이지.

말하자면 대통령은 보통 국민 가운데 한 사람일 뿐이고, 다만 선거를 통해 그에게 좀 큰 권한을 맡겼을 뿐이야. 그런데 맡긴 것 이상의 권력을 갖고 민주주의의 참뜻을 부정한다면 그는 독재자이며, 민주주의의 파괴자일 수밖에 없는 거야.

그러면 한편으로 이렇게 생각할 수도 있을 거야. '그래서 뭐? 독재자든 아니든 나라만 잘 다스리면 되는 거 아니야?'

그래, 사실 옛날 사람들도 그렇게 생각했어. 그래서 왕에게 무한한 권력을 주는 대신, 그가 훌륭한 왕이 될 수 있도록 어릴 때부터 특수 교육을 시켰지. 왕이 조금만 잘못하는 것 같으면 "전하, 아니 되옵니다!" 하면서 조목조목 이치를 따져 가며 말렸고 말이야. 그래서 세종대왕 같은 훌륭한 임금님도 나올 수 있었던 셈이고.

하지만 수백 년 동안 그렇게 해 보니까, 결국은 민주주의가 낫더라는 거지. 한 사람이 아무리 똑똑하다고 해도, 수많은 국민의 머리를 당할 수는 없거든. 뛰어난 한 사람이 마음대로 하는 정치보다 여러 사람이 하는 정치, 모두가 자기 생각을 말하고 정보를 제시할 수 있는 정치가 결국 앞서간다는 거야.

그리고 아무리 어릴 때부터 교육을 시키고 그래도, 결국 사람인 이상 자기 손에 절대적인 권력이 쥐어져 있으면 국민을 위해서가 아니라 자기 자신을 위해 쓰고 싶어지기 마련이야. 그래서 세계의 어느 왕조를 살펴봐도 세종대왕처럼 훌륭한 왕은 한두 명일 뿐, 대부분 폭군이거나 보잘것없는 왕이었어.

민주주의도 가끔은 좋지 못한 결과를 낳을 수 있지, 국민 다수가 지나치게 감정에 사로잡혀 어리석은 결정을 내린다든가 하는 식으로. 그래도 장기적으로는 민주주의가 훨씬 낫단다. 그래서 우리는 목숨을 걸고 민주주의를 지켰어. 독재자들의 무시무시한 힘에 맞서면서 말이지.

자, 그러면 이제는 단순히 '이승만보다 나은 인물이 대통령이었더라면……' 할 게 아니라 더 넓게 보아야겠지? 이승만도 그렇게 나쁜 사람은 아니었어. 독재를 하다 보니 결과적으로 나빠진 거지.

민주주의와 선거

그리고 역돌이가 궁금하다는 문제를 살펴보자. '당시에 이 대통령이 독재를 하는데 왜 국민은 그냥 놔두었느냐? 선거가 없었던 것이냐?' 였지?

선거는 있었어. 선거로 뽑힌 사람이 아니라면 '왕처럼 구는 독재자'가 아니라 그냥 왕이었겠지. ^^ 대한민국이 세워질 당시에 전 국민이 선거를 치렀고, 그 뒤에도 정기적으로 국회의원과 대통령을 뽑았단다. 겉으로 보면 지금과 별 차이가 없었지.

그러면 왜 선거를 하는데 독재 정치가 계속될 수 있었을까?

먼저 내가 방금 이야기한 "민주주의도 가끔 좋지 못한 결과를 낳는다"는 점을 생각할 수 있어. 당시에는 전쟁을 일으킨 북한을 미워하고 공산주의를 증오하는 분위기가 지배적이었지. 그러다 보니 "이 대통령에게 힘을 몰아 주자"는 말이 먹혀들었어.

또 내가 전에 말했듯, 개인적인 매력이 있고 미국 박사에 독립투사라는 명성이 자자한 이승만 대통령을 위대한 지도자로 떠받드는 분위기도 있었지.

그리고 당시에는 국민이 아직 민주주의에 익숙하지 않았어.

생각해 보렴, 단군 이래 수천 년 동안 왕을 받들며 살아왔잖아? 일본이 지배할 때는 일본 왕을 섬길 것을 강요받았고 말이야. 그러니까 어느 날 갑자기 민주주의가 덜커덕 주어졌어도, 수백 년 동안 민주주의를 연구하고 발전시켜 온 다른 나라들과 똑같을 수는 없는 거야.

국민으로서 소중한 한 표를 행사할 권리가 있는데도, 집안의 어른이 "이 대통령은 참 훌륭하신 분이다. 너희는 모두 그분에게 투표해라." 하면 "네" 하고 가족 전부가 그대로 투표하거나, 마을 이장이 "옛날 임금님께 충성하듯 정부에 충성해야 합니다. 무조건 정부 편을 드세요." 하면 또 "네." 하고 정부에게 표를 몰아주는 경우가 많았어.

자신의 권리와 민주주의에 대한 인식이 아직 약했던 거지. 누가 더 국민을 위해 성실하게 일할 것인가를 보지 않고, 돈 봉투를 돌리거나 막걸리로 한턱 내는 후보자에게 표를 던지기까지 했어.

하지만 언제까지나 그런 식이었던 것은 아냐. 국민은 조금씩 민주주의에 익숙해지고 있었고, 이 대통령의 독재에 대한 반감도 커지고 있었어. 그런 변화는 어떻게 보면 이승만 스스로 자초한 결과이기도 해. 왜 그랬을까? 후후. 이건 '숙제'란다. 다음번 메일을 받기까지 잘 생각해 보렴!

역돌아, 그럼 안녕! 건강히 지내!

종철이 형이.

보낸 사람 | 역돌@대한민국.net
보낸 날짜 | 2010년 X월 XX일
받는 사람 | 종철@하늘.org

종철이 형, 역돌이에요~ *^^*

그랬군요! 이젠 의문이 풀렸어요. 그런데 허걱……. 너무해요, 형! 학교 숙제, 학원 숙제도 지겨운데 형까지 또 숙제를 내 주시다니. ㅠㅠ

……으음, 글쎄요? 잘 모르겠어요. 독재를 하니까 국민이 싫어하게 되었다, 그러니까 스스로 자초한 일이라는 건가요? 뭔가 그건 아닌 것 같은데?

그 이상은 생각이 나지 않네요. 영희라면 풀었을 텐데……. 영희는 똑똑하니까요. 그런데요. 영희는 반장은 하고 싶지 않대요. 똑똑하고 예뻐서, 나가면 당연히 반장에 뽑힐 텐데.

그래서 왜 그러냐니까 자기는 남들 앞에 나서는 일을 좋아하지 않는대요. 반장은 꼭 똑똑하고 인기가 있는 사람만 하는 것도 아니라고, 자기가 반장이 안 되어도 우리 반이 잘 되도록 도울 수 있다고……. 그때는 무슨 말을 하는 건지 몰랐는데, 형의 메일을 읽다 보니 좀 이해가 되기도 해요. 헤헤. ^^~

그러면 얼른 다음 메일 보내 주세요. 기다리고 있을게요!

역돌이가.

보낸 사람 | 종철@하늘.org
보낸 날짜 | 2010년 X월 XX일
받는 사람 | 역돌@대한민국.net

안녕, 역돌아?

하하, 영희가 그런 말을 했구나! 역돌이랑 친해졌듯 영희하고도 친해지고 싶은데? 나중에 기회가 있으면 소개해 주렴. 혹시 유령을 무서워하는 아이라면 좀 곤란할지도 모르겠지만……. 음핫핫핫핫핫!!!(^^;;;;;)

3·15 부정 선거

그러면 네가 잘 모르겠다는 '숙제'부터 생각해 보자.

형의 지난번 메일에서 대한민국이 처음 세워질 무렵에는 공부한 사람이 무척 귀했는데, 이후 의무 교육 정책으로 점점 늘어났다고 했지? 그래서 1950년대 말이 되면 대학생도 흔히 볼

90 | 김구·전태일·박종철이 들려주는 현대사 이야기

수 있게 되었어. 아니, 오히려 지나칠 정도로 대학생 수가 늘었어. 그래서 나라에 대학생들을 위한 일자리가 턱없이 부족해서, 대학을 졸업해도 취업하는 학생이 10퍼센트도 못 되었단다.

요즘도 대학생 누나, 형들이 취업이 안 되어 큰일이라고들 하지? 요즘은 10퍼센트 '씩이나' 취업을 못 한다고 난리인데, 그때는 10퍼센트 '밖에' 취업을 못 했으니 오죽했겠니?

대학생들은 이승만 정권에 대한 최대의 저항 세력이 되어 갔어. 그런데 그것이 결국 이승만 정권의 교육 진흥책의 결과인 셈 아니니? 그러니까 자초했다고 한 거지. 이제 형이 내준 숙제의 답을 알겠지? ^^

아무튼 1950년대 말에는 그런 대학생들을 중심으로 이대로는 안 된다고 생각하는 사람들이 점점 늘었고, 그런 생각이 선거에도 반영되기 시작했어. 매번 임기가 끝나면 당연한 듯 다시 대통령에 당선되곤 했던 이승만이었지만, 이렇게 되니까 두려워진 거야.

그래서 생각했던 방법이 바로 '부정 선거'였어. 선거를 공정하게 치르지 않고, 투표함을 여당 후보의 표가 가득 들어 있는 가짜 투표함과 바꿔치기한다든지, 투표하는 사람들을 은근히 위협해서 여당을 찍도록 한다든지, 아예 개표 결과를 엉터리로 발표한다든지 하는 식이었지.

1960년 3월 15일 치러진 대통령 선거가 바로 이런 부정 선거

1960년 3월 15일 이승만 정권은 부정 선거를 저질렀어.

로 치러졌어. 그 결과 이승만 대통령, 이기붕 부통령이 80퍼센트가 넘는 압도적인 승리를 거두었다고 발표되었지만, 국민은 믿지 않았지. 믿기는커녕 대학생들을 중심으로 '3·15 부정 선거 규탄 시위'가 전국에서 벌어지기 시작했어.

그러다가 4월 10일, 시체 한 구가 마산 앞바다에 떠올랐어. 바로 내가 저번에 말했던 김주열 선배의 시체였지. 부정 선거 규탄 시위에 참가했다가 경찰의 손에 비참하게 죽은 거야. 여론은 들끓었지. 점점 많은 사람이 시위에 참여했고, 독재 정권을 기필코 쓰러트리겠다는 결의도 굳어져 갔어.

4·19 혁명

그리고 4월 18일, 3000여 명의 고려대학교 학생들이 시위에 들어가 국회 의사당 앞까지 진출했다가 해산하려는데, 정부에게 고용된 폭력배들에게 무차별 구타당해 수십 명이 부상당하는 사건이 일어났어. 이 사건은 터질 듯하던 민심에 불을 붙이는 결과를 가져왔지.

그 다음 날인 4월 19일, 드디어 3·1 운동 이래 최대의 시위가 벌어지기 시작했어. 대학생들, 중·고등학생들, 초등학생들, 일반 시민들이 거리로 쏟아져 나와 "부정 선거 다시 하라!",

"독재 정권 물러가라!"를 외쳤지. 경찰은 최루탄만으로는 시위대를 해산시킬 수 없다고 보고, 급기야 총을 꺼내 들었어. 국민을 보호해야 할 경찰이 바로 그 국민을 향해 총을 쏘기 시작한 거야.

끔찍하지 않니? 거리는 순식간에 피투성이가 되어 쓰러진 사람들로 메워졌지. 그런데 여기서 바로 독재 정권의 치명적인 실수가 있었어. 뭔지 알겠니?

바로 무력으로 국민의 뜻을 꺾으려 했던 일이야. 역돌아, 생각해 봐. 김일성이 무력을 써서 통일을 달성하려고 했지만, 결과적으로 남한 사람들에게 지워지지 않는 원한만 심어 놓지 않았니? 그와 마찬가지로 김주열 선배의 죽음은 민심을 자극했고, 뒤이은 고려대생들에 대한 폭력 사건으로 4·19 혁명이 일어나게 된 거였지.

그걸 막아보겠다고 더 가혹한 폭력을 휘둘렀지만, 오히려 이것이 국민에게 정권에 대한 원한과 증오를 심어 주었던 거지. 그때 김주열 선배는 하늘에서 시위대와 경찰이 충돌하는 모습을 내려다보았대. 어떤 여학생이 울면서 부르짖더라는구나. "우리 오빠는 죽었어요! 총에 맞아 죽었어요!"

그 여학생의 절규에 분이 복받친 시위대가 주먹을 불끈 쥐고 경찰들에게 덤비고, 경찰은 총을 쏘고, 시위대는 물러나는 듯하다가 다시 덤비고……. 지옥과도 같은 광경에 옆에 계시던 김

이승만 독재에 맞서 1960년 4·19 혁명이 일어났어.

구 선생님은 눈물을 흘리셨대, "왜 또 같은 민족끼리 이렇게 피를 흘려야 하는가!" 하시면서……. 하지만 김주열 선배는 이를 악물며 이렇게 말했다지.

"안타깝지만, 민주주의를 위한 일입니다. 민주주의라는 나무는 피를 먹고 자랍니다!"

사색이 된 정권은 군대까지 투입해서 간신히 상황을 진정시켰지만, 시위는 그칠 줄을 몰랐어. 그런 가운데 제자들의 죽음을 보다 못한 각 대학의 교수들까지 플래카드를 들고 거리로 나섰지. 이쯤 되자 누가 봐도 앞날이 분명해졌어. 정권이 죽느냐, 국민이 죽느냐?

그리고 이승만 대통령은 국민을 다 죽일 수는 없다고 생각했지. 그리고 4월 25일, "대통령을 그만두겠다"고 발표했어. 국민은 환호했지. 마침내 맨주먹의 국민이 총칼을 든 정권에 이긴 거니까. 며칠 뒤 이승만은 쓸쓸히 하와이로 망명했고, 자유당은 무너져 내렸어. 그리고 민주당 정부가 새롭게 출범했지.

어때, 형의 이야기가 재미있었니? 재미있었어야 할 텐데. ^^;;; 그러면 형은 여기서 일단 이야기를 마칠게. 다음은 태일이 형이 이어갈 거야. 형하고도 공부 열심히 해라. 그럼, 안녕! 몸 건강해!

종철이 형이.

민주주의는 피를 먹고 자란다고요?

안녕? 역돌아! 종철이하고는 잘 놀았어? ^^

놀다뇨?? 농담하세요? 우리가 얼마나 열심히 공부했는데요. 숙제까지 하면서……。

하핫! 종철이는 역시 살아서도 공부 열심히 하더니, 여기 저승에서까지 티를 내네? 에라, 이 범생아!

에이, 형, 왜 그래요? ^^ 역돌아, 너도 모함하지 마~! 숙제를 뭘 어려운 거 내 줬다고 그러니? 응?

사실 그 숙제보다도…… 종철이 형의 마지막 메일 보고서 계속 머릿속이 복잡해요.

응? 그건 왜 그럴까???

형이 그랬잖아요. '민주주의는 피를 먹고 자란다.' 그거 정말 맞는 말이에요?

음……. 뭐 반드시 맞다고는 할 수 없겠지만, 대부분의 나라에서 민주주의를 이루어 가는 과정에서는 슬픈 일이 많이 있었지. 우리나라의 4·19와 같은 일도 여러 번 있었고.

맞아, 역돌아. 안타깝지만 발전을 위해서는 희생이 필요한 경우도 있단다.

그게 너무 이상해요! 저는 민주주의를 잘 모르지만, 아무튼 모두 잘살려고 하는 거잖아요. 평화롭게, 행복하게……. 그런데 그것을 발전시키려면 반드시 누군가 죽어야 하나요?

음…….

김구 할아버지도 서로 미워하고 의심하는 바람에 분단도 되었고 전쟁도 일어났다고 하셨잖아요. 그런데 민주주의를 위해서라지만 꼭 그렇게 피를 흘려야만 했을까요?

우리 역돌이가 참 생각이 깊구나! 마음씨도 곱

고……. 그래, 민주주의가 아무리 중요해도 사람의 생명만큼 중요하지는 않지. 하지만, 그때 피를 흘리게 한 쪽은 시위대가 아니라, 국민이 아니라, 독재정권 쪽이었잖니?

그래도 워낙 무섭게 시위를 하니까 저쪽에서도 겁이 나서 그만 총을 쏜 거잖아요? 정부에게 더 이상 나쁜 짓을 하지 말라고 경고하고, 다음 선거에서 떨어트리면 되었을 것 같은데.

정말 태일이 형 말처럼 역돌이의 생각이 깊은 것에 놀랐다! 우리가 오히려 역돌이에게 배워야겠는데? 하지만 그렇게 쉽지는 않았을 것 같단다, 역돌아.

왜요?

그게 독재의 또 하나의 나쁜 점 중 하나지. 독재자 자신도 환상에 빠지는 거야.

그게 무슨 말이에요? 이해가 안 되는데요.

말하자면 이렇지. 사람은 누구나 칭찬받기를 좋아하잖니? 그래서 이승만 대통령 주변의 사람들은 언제나 이 대통령에게 듣기 좋은 말만 하고는 했지. "국민은 한결같이 대통령 각하를 아버지처럼 떠받듭니다." "모두 잘돼 갑니다. 조금도 걱정하지 마십시오." 이렇게.

네……。

그러다 보니 실제로는 점점 민심이 험악해지고 매일같이 시위가 벌어지는데도 이 대통령은 "모든 게 다 잘돼 간다"고만 생각하고 있었어.

왜 그랬죠? 처음에는 몰라도, 사태가 심각해졌으면 주변 사람들도 그 점을 대통령에게 알리고, 대책을 마련해야 하잖아요?

그들은 계속해서 국민이 이 대통령을 좋아하고 이 대통령 말이라면 죽는시늉까지 한다고 해 왔으니까, 이제 와서 사실대로 말할 수는 없었던 거지. 그랬다면 이 대통령이 "너희가 대체 어떻게 했기에 이런 일이 일어나느냐!"하며 불처럼 화를 냈을 거 아니니? 그러니까 계속해서 아무 일 없는 듯이 속일 수밖에 없었고…….

대통령이 알기 전에 빨리 사태를 진정시키려다 보니, 총에 의존하게 되었던 거지.

아, 그렇군요.

그러니까 국민이 시위를 자제하고 온건하게 문제를 해결하려고 했더라면, 대통령은 계속 꿈속에서 살았을 것이고, 다음 선거에서도 또 부정으로 정권을 유지하려고 했을 거란다. 확실하지는 않지만, 아마 그랬을 거야.

듣고 보니 그러네요. 휴……, 참 힘들어요……. 아무튼 그렇게 해서 새롭게 민주 정부가 세워진 거네요! 그러면 그 뒤에는 다시는 독재도 없고, 사람이 다치는 일도 없었나요?

그랬다면 오죽이나 좋으련만……. 별로 안 그랬단

다. ㅠㅠ 그 이야기는 다음에 내가 보낸 메일에서 확인하렴.

네, 알았어요. 과연 무슨 일이 이어졌는지, 빨리 메일 받고 싶네요!!!

연표로 살펴보는 우리 현대사

1954년 11월 27일 — '사사오입' 개헌.
이승만이 다시 대통령을 하기 위해 초대 대통령은 예외적으로 세 번 이상 대통령에 출마할 수 있다고 고침.

1956년 5월 5일 — 유력한 야당 대통령 후보 신익희 사망.

1958년 12월 24일 — 보안법 파동.

1959년 7월 31일 — 조봉암 간첩 혐의로 사형.

1960년 3월 15일 — 3·15 부정 선거.

1960년 4월 19일 — 4·19 혁명.

1960년 5월 29일 — 이승만, 대통령 직에서 물러난 후 하와이로 망명.

1960년 8월 12일 — 제2공화국 정부 출범.

어떻게 경제를 발전시켰나요?

보낸 사람	태일@하늘.org
보낸 날짜	2010년 X월 XX일
받는 사람	역돌@대한민국.net

유후~! 역돌아~~~! 방가 방가~~~~!! 알라뷰우우!!!!!!!

음……, 속으로 뭥미? 이러고 있니? 다 보인다. ^^;;;;;

지난번 채팅 때에 역돌이의 마음이 무거워 보여서 형이 좀 오버해 봤어. 이해해 주라. ^^

종철이나 백범 선생님처럼 나도 역돌이에 좋은 이야기를 들려줘야 하는데, 어깨가 무겁구나. -_-;;;

내 이름, 전태일은 좀 찾아봤지? 대체로 내가 어떤 사람이었는지는 알 것이고……. 이야기를 하다 보면 내 이야기가 나올 거야. 정식 소개는 그때 자세히 하기로 하고, 일단은 진도를 니기지!

내각 책임제로 바뀐 정부 형태

종철이랑 4·19 혁명까지 공부했지?

그러면 그 뒤에 새로 세워진 민주당 정권은 정치를 잘 했느냐인데……. 실망스럽게도 별로 안 그랬어. 자유당처럼 독재를 했느냐 하면 그건 아닌데, 독재와는 또 다르게 좋지 않은 정치를 했단다.

무슨 말인지 모르겠다고? 차근차근 얘기해 보자. ^^

대통령에게 너무 많은 권력을 주다 보니 독재 정권이 탄생했다고 여긴 당시 사람들은 헌법을 고쳤어. 그래서 '내각 책임제'로 정부 형태를 바꾸었지. 헌법을 기준으로 역사를 구분하는 데 따르면 이승만 정권 때가 '제1공화국'이고, 이때를 '제2공화국'이라고 불러.

내각 책임제는 지금 영국이나 독일, 일본 등이 가지고 있는 정부 형태인데, 대통령 선거를 따로 하지 않거나 대통령을 이름뿐인 국가 원수로 뽑고 실권은 국회에 주어져. 선거 결과 국회에서 다수 의석을 얻은 정당이 집권하고, 그 정당의 대표가 수상이 되어 대통령 중심제의 대통령과 엇비슷한 권한을 행사하지.

자유당은 새로운 정부를 만들기 위한 선거에도 참여했으나 보기 좋게 몰락했고, 민주당이 압도적인 의석을 차지해서 집권했는데 문제는 민주당이 두 개의 파로 나누어져 있었다는 거였지.

'구파', '신파'라고 불렸는데, 민주당이 자유당에 반대하는 여러 정치인 집단이 함께 모여 만들어진 정당이다 보니 출신과 생각이 달라 그렇게 둘로 나뉘었던 거야.

독재 정권과 싸울 때는 두 파 사이의 갈등이 불거지지 않았지만, 정권을 쥐게 되니 사정이 달라졌지. 정부 구성을 어떻게 할 것인지부터 옥신각신했는데, 결국 대통령은 구파인 윤보선이, 수상은 신파인 장면이 맡기로 했어.

하지만 신파, 구파 사이의 갈등은 그치지 않았고, 국민의 피 위에 세워진 새로운 정권에 잔뜩 기대했던 국민은 기대만큼 실망도 클 수밖에 없었지.

학생 운동도 문제로 여겨졌어. 학생들의 시위는 새 정부 수립 후에도 그치지 않았는데, 모두가 바라는 훌륭한 정치를 만들기 위한 의사 표시라 보아야겠지. 그런데 그런 시위 중에는 "평화 통일을 위해 힘을 모으자!"라며 북한 학생들과 판문점에서 만나 통일 토론회를 하겠다는 주장을 내건 것도 있었어. 물론 평화 통일의 뜻은 훌륭했어.

하지만 전에도 배웠듯 당시 국민의 대부분은 북한과 공산주의라면 무조건 싫어하는 경우가 많았잖니? 그런데 학생들이 북한 학생들과 통일한다며 만난다니까, 많은 사람이 눈을 크게 떴어. 그리고 그런 행동을 내버려두는 민주당 정부가 틀려먹었다고 생각했지.

더 큰 문제는 바로 경제였어. 종철이의 말 중에서 대학생들이 취업을 거의 못했던 것이 4·19혁명의 원인 중 하나였다는 게 있었지? 그만큼 당시 경제가 무지 안 좋았던 거야.

민주당에서도 이 점을 생각해서 '경제 개발 5개년 계획'을 준비하는 등 노력을 했지만, 국민은 당장 살림살이가 나아지지 않는 현실에 조바심을 냈어. 이러다 보니, 독재는 싫지만 뭔가 힘이 있고 유능한 정부가 나와서 과격한 학생들은 말리고, 경제는 살려 주기를 바라는 국민이 늘어 갔단다.

이런 민심을 기회로, 마침내 일이 터진 거야. 바로 5·16 군사 쿠데타지.

박정희의 5·16 군사 쿠데타

5·16의 주역인 박정희는 일본의 한반도 지배가 확고해진 후인 1917년에 태어났어. 일본이 당연히 '우리나라'인 줄 알았던 그는 출세하기 위해 학교 선생이 되었다가 다시 군인이 되어 만주에서 일본군으로 복무했어. 광복이 되자 한때 남로당에 가입해 좌익 활동도 했고, 다시 새로 세운 육군 사관학교를 나와 직업 군인의 길을 걸었지. 4·19 당시에는 소장까지 올라가 있었어.

그대로 제2공화국이 안정되었다면 박정희는 계속 군인으로 남아서, 평범한 일생을 보냈을지도 몰라. 하지만 혼란이 계속되었고, 박정희 스스로는 한때 좌익이었던 점 때문에 계속 눈치를 봐야 하는데다 그를 따르는 청년 장교들은 진급이 늦는 상황이 불만이었어. 그래서 그만 딴생각을 품고 만 거란다.

1961년 5월 16일, 4·19가 일어난 지 겨우 1년이 지났을 때, 박정희는 자신을 따르는 청년 장교들 수십 명, 그리고 자신이 이끄는 제2군 사령부의 병력 수천 명을 이끌고 한강 다리를 건너 정부 건물을 기습적으로 장악했어. 그리고 '군사 혁명 위원회'를 설치하고는 모든 권력을 손에 쥐었지.

어떻게 겨우 몇천 명의 병력을 가지고 쿠데타에 성공할 수 있었을까?

일단 민주당 정부 사람들의 무능과 분열 때문이겠지. 수상인 장면은 쿠데타 소식을 듣고 맞서 싸우기는커녕 수녀원에 꼭꼭 숨어 버렸고, 대통령인 윤보선은 평소에 신파인 장면이 보기 싫었고, 이름은 대통령인데 정작 실권은 없는 데 불만이었던지라 쿠데타를 사실상 승인해 버렸어. 나중에는 속았다고 생각해서 박정희 타도에 앞장서게 되지만.

그래서 훨씬 많은 병력을 가지고도 수천 명의 쿠데타를 막지 못했던 거지. 그러나 문제는 국민이었어. 4·19 때처럼 국민이 분노했다면 박정희는 잠깐은 성공했어도 결국 금방 내쫓기고 말았을 거야. 하지만 그렇지 않았지.

국민 대다수는 선거로 뽑힌 정부를 쿠데타로 무너뜨린 일이 못마땅하면서도, 이 기회에 더 힘이 있고 유능한 정권이 들어서기를 바라며 쿠데타에 적극적으로 저항하지 않았던 거야.

임시 정부 시절 김구 선생님의 제자나 다름없었고, 나중에는 누구보다 박정희를 열심히 비판하게 되는 장준하 씨조차 5·16 직후에는 "우리 모두 반성하고, 군사 혁명이 성공할 수 있도록 도와야 한다"고 했을 정도였으니까.

그렇게 해서 박정희는 일개 군인에서 이승만 이상의 독재 권

1961년 5월 16일, 박정희는 군사 쿠데타를 일으켰어.

력을 가진, 우리나라 역대 최장수 대통령으로 탈바꿈하게 돼. 물론 처음에는 보다 못해 혁명을 했을 뿐 정치에는 뜻이 없다고 했었지만 말이야. 대통령제로 개헌을 하고(그러니까 '제3공화국'이 되겠지?) 공화당이라는 정당을 창당하고서 대통령 선거에 나왔단다.

그랬던 그가 어떻게 점점 독재자의 길로 갔는지, 그리고 대통령을 지내면서 무슨 일을 했는지는 다음번에 이야기하기로 하자.

어때, 나도 종철이만큼은 하는 편이니? ^^ 아니라고?

우엥~~

다음에는 더 재미있게 이야기하도록 해볼게. 기대해 줘!

태일이 형이 보낸다~

보낸 사람	역돌@대한민국.net
보낸 날짜	2010년 X월 XX일
받는 사람	태일@하늘.org

형! 저요, 역돌이~^^

형이 보내준 메일 참 재미있게 읽었어요! 우엥~~ 하실 필요는 없어요! 말씀 잘하시던데요, 뭘. ㅋㅋㅋㅋ

그토록 어렵게 세운 민주 정부가 그렇게 허무하게 무너졌다니 좀 어이가 없지만……, 좀 더 배우다 보면 답을 알 수 있을 것 같아요. 그러니까 더욱 열심히 메일 읽고, 모르는 것은 채팅으로 여쭤 보고 그럴게요! 그래도 되죠? ㅋㅋ

그럼 다음 이야기 기대할게요! 형! 안녕히 계세요!

역돌이가.

보낸 사람	태일@하늘.org
보낸 날짜	2010년 X월 XX일
받는 사람	역돌@대한민국.net

하이, 역돌? ^^ 태일이 형이야~

오늘은 쿠데타로 집권하게 된 박정희 정권이 무엇을 했는지 보려고 해.

그런데 그전에 한 가지, 역돌이가 그랬네? '그토록 어렵게 세운 민주 정부가 그렇게 허무하게 무너졌다니?' 캬~ 역시 역돌이는 날카로워. 요점을 놓치지 않네?

그건 말이야, 역돌아, 우리가 전에 채팅하면서 그랬지? '민주주의라도 생명보다 중요하지는 않다.'

그리고 당시 쿠데타를 마지못해 받아들였던 국민이 뭘 염두에 두고 있었다고 했지?

학생들의 과격한 행동 때문에 새삼 반공 의식이 강해졌고, 경제가 어려운 점 때문에 민주당 정권에 불만을 품었다고 그랬지?

생명이란 결국 살아남기 위해 자신을 지켜야 하고, 무언가를 먹어서 영양을 얻어야 하지. 당시 한국 전쟁이 또 일어나 떼죽음이 빚어질까 봐 두려운 마음은 맹목적인 반공주의로 이어졌고, 불만이었던 경제 역시 말할 것도 없이 먹고사는 문제 아니겠니?

결국 당시 국민은 '생명'의 문제를 심각하게 생각하고 있었고, 그래서 애써 이룬 민주 정부의 몰락을 불편한 마음으로나마 방관했다고 할 수 있어.

반공과 경제 개발

자, 그러면 그렇게 수립된 정권인 만큼, 계속 권력을 잡으려면 반공과 경제에 중점을 둘 수밖에 없었겠지?

반공으로 말하자면 이승만 정권과 크게 다르지는 않았던 셈

인데, 군인들이 세운 정권이니만치 학생과 국민에게 군사적인 정신과 행동 방식이 강제되었어. 교련이라고 해서 어린 학생들도 학교에서 총검술을 배우고, 군대처럼 열을 딱딱 맞춰 가며 행진하는 법을 익혀야 했지.

재미있었겠다고? ^^;;; 시켜서 하는 전쟁놀이는 재미가 없단다. 마치 자기 자신이 전쟁놀이의 장난감이 된 것만 같거든! 그리고 기본 군 복무 기간도 지금은 2년 정도인데, 당시에는 3년, 그것도 휴전선 쪽이 좀 불안하다 싶으면 몇 달씩 연장했단다.

요즘은 왜 하나 싶을 정도로 대충 넘어가는 민방위 훈련도 정말 전쟁이 난 것처럼 철저히 행해져서, 사회 전체가 하나의 병영 같은 분위기였을 정도야.

그래도 국민의 마음을 결정적으로 잡을 수 있었던 건 뭐니뭐니해도 머니(money), 그러니까 경제라고 할 수 있었지. 박정희 정권은 경제 개발에 온 힘을 쏟았어. 제2공화국이 만들어 두었던 경제 계획을 손질해서 새로 '경제 개발 5개년 계획'을 세우고, 농업은 근본적으로 발전 가능성이 적다고 보고 공업화를 시도했지.

왜 농업이 발전 가능성이 작았느냐고?

'부자로 산다'는 건 일단 충분히 먹을 수 있어야 하고, 남은 돈으로 집이라든가 자동차라든가 게임기라든가 하는 것을 내키는 대로 살 수 있다는 뜻이겠지? 그런데 당시 우리나라 국민은 농업을 주로 하고 있었지만, 식량이 먹고살기에도 모자랐어. 왜 그렇겠니?

 농사 기술이 아직 발전하지 못했던 탓도 있지만, 농사 지을 땅 자체가 부족해서이기도 해. 역돌이가 사는 집 주변을 둘러봐, 집들 말고 뭐가 보이니?

 사방에 높고 낮은 산들이 보이지? 우리나라는 어디든 대체로 다 그래. 너른 평야는 많지 않고, 산과 언덕이 많지.

 그러니까 휴일에 가까운 산으로 놀러 가기는 좋지만, 농업 대국이 되기에는 좀 그래. 미국이나 오스트레일리아같이 농산물 수출만으로도 먹고살 수 있는 나라에는 가도 가도 끝없는 지평선만 보이는 평야가 많거든.

 그래서 당시 정권은 차라리 농업을 줄이고 양말이나 장난감, 라디오 따위를 만드는 공업을 키우자고 마음먹었어. 우리나라 사람은 꼼꼼하고 성실하니까, 열심히 공업 제품을 만들어서 외국에 팔면, 그 이익금으로 부족한 농산물이며 그 밖의 필요한 물건을 사올 수 있다고 생각한 거지.

 그런 생각은 대체로 옳았다고 봐야 할 거야. 그래서 계속 공업화를 추진한 결과 오늘날 세계 12위의 경제 대국까지 되고, 반도체나 휴대폰 등은 우리나라가 아니면 세계 시장이 휘청할 정도로 주요 생산국이 된 거니까!

 하지만 말이 공업화지, 당시에는 쉽지 않았어. 꼼꼼하고 성실한 인력 말고는 도무지 기술도 없고, 밑거름이 될 돈도 없었거든. 박정희는 화폐 개혁이라는 것을 해서 공업화 자금을 만들어 보려고 했지만 실패했지.

결국 돈을 마련하기 위해 민족의 자존심을 손상시키는 결정까지 했어. 일본으로부터 돈을 받았지. 그때는 일본의 지배에서 벗어난 지 10여 년이 지나 있었지만, 아직 일본과 대한민국 사이에 외교 관계가 맺어지지 않고 있었거든.

우리로서는 일본이 35년 동안의 강제 점령에 대한 사과와 배상이 없이는 국교를 맺을 수 없다는 입장이었지. 박정희도 생각이 크게 다르지는 않았을 거야. 하지만 어떻게든 돈이 필요하다는 생각에서, 일본의 사과는 적당히 넘기고 배상금만 받아내려는 시도를 했단다.

이를 민족적 굴욕이라고 여긴 학생과 국민은 격렬히 항의했지. 4·19에 비교할 만큼은 아니지만 사람들이 거리로 나와서 시위를 벌였어. 하지만 정부는 반대를 무릅쓰고 1965년 6월에 일본과 수교했어. 일본은 그 대가로 공식 사과는 하지 않고 우리나라에 8억 달러를 주었는데, 배상금이 아니라 '독립 축하금', 그나마 3억 달러만 그렇고 나머지는 차관, 즉 꾸어 주는 돈이었어.

이렇게 그리 많지도 않은 돈을, 그것도 일본이 사과하고 배상하는 차원이 아니라 생색을 내는 차원에서 주는 꼴이었으니 뒷

맛이 좋지 않았지. 일본은 이때 얘기가 다 끝났지 않느냐면서 오늘날까지도 공식 사과를 거부하고 있어.

게다가 일본에 괴롭힘을 당한 개인들의 배상도 이것으로 받지 못하게 되어 버렸고, 독도 문제도 어중간하게 처리하여 두고두고 문제가 되게 했으니, 참 아쉬움이 많았지.

어쨌든 이렇게 해서 겨우 돈을 마련하여 그것으로 공업화를 추진할 수 있었는데, 그래도 돈은 부족하지 뭐니? '있는 것은 사람뿐' 이었던 우리나라는 마침내 사람을 내다 팔기 시작했어.

인력 수출과 한강의 기적

아니, 뭐 그렇게 놀라지는 마. ^^;; 노예 장사를 했다는 말은 아니고~ 외국에 취업하도록 국가가 나서서 주선했다는 이야기지. 대표적인 것이 독일(당시는 우리처럼 동서로 갈라져 있었으니까, 서독이지)에 광부와 간호사를 파견한 일이었어.

간호사라면 멋있을 것도 같지만, 쉽고 편한 일이면 독일 사람들 스스로 하지, 우리나라에서 사람을 데려다 썼겠니? 파견된 사람들은 말도 안 통하는 먼 나라까지 와서 잠도 제대로 못 자고 고생하느라 눈물이 마를 날이 없었다고 해.

'인력 수출'은 그게 다가 아니었어. 마침내는 군인을 수출하

박정희 대통령은
'반공'과 '경제 개발'을 내세우며
군사독재를 했어.

기까지 했단다.

　1960년대 말부터 미국이 베트남 전쟁에 뛰어들기 시작했거든. 최강대국 미국은 예상 밖으로 북베트남에 힘을 제대로 쓰지 못했어. 자꾸만 미군의 희생이 늘자 급해진 미국은 우리에게 군대를 파견해 달라고 했지.

　'한국 전쟁 때 도와준 미국의 은혜를 갚는다', '베트남에서 공산주의의 발전을 막는다' 는 이유도 있었지만, 무엇보다 돈이 아쉬워서 미국의 요청을 선뜻 수락했어. 베트남에 간 우리 군인은 미군과 같은 수준의 봉급을 받았고, 우리 정부에 미국이 따로 차관이나 원조를 해 주었기에 베트남전으로 벌어들인 돈은 한·일 수교로 얻은 돈보다 훨씬 많았지.

　하지만 이로써 5000명의 우리나라 사람이 베트남에서 숨을 거둬야 했어. 나쁘게 말하면 피를 팔아서 돈을 얻었다고 할 수 있지. 또 한국 전쟁과는 달리 베트남 전쟁은 미국과 우리나라가 무리했던 면이 있었어. 남베트남 사람들도 북베트남과 합쳐지기를 바라고 있었거든. 공산주의의 힘이 강해지는 것을 겁낸 미국이 억지로 남베트남 정부를 지탱했던 것이고.

　아무튼 이렇게 저렇게 얻은 돈으로, 1968년에는 한국 경제 발전이 상징이라고 할 수 있는 경부고속도로를 착공할 수 있었어. 같은 해에 포항제철도 착공되었고. 이리하여 1970년대가 되면 한국은 신발이나 장난감처럼 주로 노동력을 써서 헐값에

파는 경공업 제품이 아니라, 자동차나 철강과 같이 기술의 힘으로 만들어 비싸게 파는 중화학 공업 제품을 생산하여 수출하기 시작했지.

1960년대 말부터 1970년대에는 연평균 경제 성장률이 10퍼센트 대에 달하는, 경이적인 경제 성장을 해서 최저의 후진국에서 중진국 대열까지 올라설 수 있었어. 한국 전쟁 직후의 잿더미 한국을 기억하던 외국 사람들은 놀라워하며 "한강의 기적"이라고 했지.

전태일의 죽음

자, 그러면 결국 빠른 경제 성장을 달성했으니, 박정희 정권은 훌륭한 정권이었던 것일까? 그렇게 하려고 벌인 많은 일, 군사 쿠데타, 굴욕 외교, 용병 파견 등은 어쩔 수 없는 희생이었을까?

그렇게 보는 사람도 있어. 하지만, 하지만 말이야. 역돌아, '어쩔 수 없는 희생'에도 정도가 있는 거야. 그 이야기가 바로 나 전태일이 관련된 이야기이기도 하단다.

돈을 위해 눈물을 흘려야 했던 사람들이 외국에 나간 광부나 간호사들만은 아니었어. 국내에서도 수많은 노동자가 피눈물을 흘려야 했지. 다른 나라보다 뒤처진 기술력의 격차를 '싼 물건'으로 메워야 했고, 물건을 싸게 만들려고 노동자들을 엄청 나쁘게 대우한 거지.

형은 1948년에 태어나서 1965년부터 서울 청계천의 옷 만드는 작업장에서 일했어. 그런데 말이 작업장이지, 허리를 똑바로 펼 수도 없을 만큼 낮은 천장에다 햇빛도 안 비치고, 환기도 되지 않아서 입을 열면 당장 먼지와 실 보푸라기들이 가득 찰 정도였어.

그런 환경에서 역돌이보다 나이가 별로 많지도 않은 열네 살, 열다섯 살 정도의 누나들이 하루 열네 시간씩 일했던 거야. 그렇게 해서 버는 돈이 점심도 못 사 먹을 만큼 푼돈이었고, 그나마 제때 주지 않고 계속 미루다가, 떼어먹고는 했지.

워낙 작업 환경이 안 좋으니까 몇 년 일하다 보면 너나 할 것 없이 병에 걸렸는데, 회사는 개인이 병에 걸린 걸 어쩌란 말이냐며 보상금도 주지 않고 내쫓아 버리고는 했어. 정말, 발목에 쇠사슬만 안 채웠지, 노예나 다름없었지.

어떻게 그런 일이 법으로 가능했느냐고? 가능하지 않았어! 근로기준법이 있어서 그런 일을 금지하는 규정이 버젓이 있었지만 아무도 거들떠보지 않았단다!

정부는 어떻게 해서든 공업을 키우려고 하고, 그걸 이용한 악덕 업자들이 법을 무시하면서 말도 안 되는 짓을 벌이고 있었던

1970년 11월 13일, 전태일 형이 근로기준법을 지키라며 분신했어.

거야. 형은 몇 번이나 불법을 처벌해 달라고 정부에 호소했지만, 대답이 없었지.

역돌아!

그래, 박정희 정권은 분명히 경제 성장을 이룩했어. 하지만 누구를 위한 경제 성장이니? 모든 국민이 고르게 잘살아야 의미가 있는 것 아니겠니? '경제를 살려야 한다', '북한을 이겨야 한다'는 명목이 아무리 그럴싸해도, 열네 살짜리 어린 소녀가 눈이 짓무르고 폐가 망가지는데 아무도 도와주지 않는다면, 무슨 소용이 있겠니?

그런 식으로 힘없는 사람을 괴롭히고 짓밟으면서, 나라와 민족이 발전한들 뭐하겠니?

형은 참을 수 없었단다. 뭐 대단한 것을 요구하는 것도 아니고, 법에 정해져 있는 만큼의 대우만 해 달라는 건데 그것조차 들어주지 않고, 오히려 "자꾸 싫은 소리를 하는 걸 보니 빨갱이 아니냐?"라고 하는 정부에 절망하고 말았어.

그래서 1970년 11월 13일, 박정희 정권이 자랑하는 경부고속도로가 개통된 지 석 달 정도가 지났을 무렵, 형은 동대문 평화시장 앞에서 마지막 시위를 벌이려 했어. 그러나 달려온 경찰이 플래카드를 빼앗고 강제로 시위를 중지시키려 하더구나. 그때 나는…….

그때 나는, 가슴이 터지는 것 같았어. 너무나 안타깝고 너무나 화가 나서 견딜 수가 없었단다. 그래서, 석유통을 붙잡고, 내 몸에 부었어. 그리고 불을…….

온몸이 불길로 휩싸이는 가운데, 나는 외쳤어, "근로기준법을 지켜라! 우리는 기계가 아니다! 일요일은 쉬게 하라!"

그렇게 나는 스물세 살의 나이로 형이 일하고 싸우고 울며 사랑했던 청계천에서 한줄기 연기가 되어 사라졌단다.

슬픈 일이었지. 하지만 내 죽음이 헛되지는 않았다고 생각해. 그 일을 계기로 노동자의 사정에 대한 국민의 시각이 달라졌으니까. 어느 정도는 정부의 시각도……. 정말 노동자가 대접받는 세상이 되려면 아직도 많은 시간이 필요했지만 말이야.

이것 참, 오늘 이야기는 본의 아니게 너무 길어졌구나. -_-;;; 전에도 그랬지만 너무 무거운 이야기가 되어 버렸고……. 그래도 이제는 이 형이 어떤 사람이었는지 알겠지? ^^ 형은 저승 사람이니까 역돌이하고 직접 얼굴을 대해 볼 수는 없지만, 형 생각이 나거든 청계천으로 나와 주렴. 40년 전 내가 불타서 사라졌던 그곳에, 나의 동상이 생겼어.

그곳에 가거든 기억해 주렴, 양심을 포기할 수가 없어서, 결국 생명을 포기했던 바보 같은 형을…….

태일이 형이.

보낸 사람	역돌@대한민국.net
보낸 날짜	2010년 X월 XX일
받는 사람	태일@하늘.org

형! 저요, 역돌이…….
엉…… 아이앙…… 흐엉……, 저 너무 슬퍼요……. ㅠㅠㅠㅠㅠㅠ
우리 현대사에는 왜 이렇게 슬픈 일이 많았대요? 아, 정말 짱나…….

형……, 몸에 불이 붙었을 때 얼마나 아팠어요?? 아, 정말 생각만 해도 ㅎ ㄷㄷ……. ㅠㅠ

갈수록 슬픈 이야기가 많으니, 저 현대사 그만 배울까 봐요…….

아니……, 타임머신이 있으면 과거로 돌아가서 못된 놈들을 혼내 주고 역사를 바꿔 버리고 싶어요! 박정희도 혼내 주고, 5·16 같은 거 못 일으키게 하고.

그래서 태일이 형이 그런 일을 하시지 않아도 될 수 있게 해 드리고 싶어요……. ㅠㅠ

미안해요…… 형. 그렇지만 지금 너무 마음이 무겁네요.

저승에서라도 잘 지내세요……. 꼭 그러셔야 해요……. 아셨죠?

역돌이가…….

보낸 사람	태일@하늘.org
보낸 날짜	2010년 X월 XX일
받는 사람	역돌@대한민국.net

역돌이에게.

하하, 그래. 역돌이가 그만 마음이 많이 상했구나. 참, 내가 괜히 미안해지네~ 그리고 할 수 있다면 과거로 가서 나쁜 사람들 혼내 주고, 나를 도와주고 싶다는 말, 감동 먹었다! 역시 역돌이는 마음이 고와~ *^^*

하지만 역돌아, 충격적인 이야기가 나와서 그렇지, 사실 우리 현대사가 그렇게 어두웠던 것만은 아니야.

민주주의와 경제 발전

일본의 지배를 받다가 광복하기 무섭게 분단이 되고, 전쟁이 일어나고……. 독재 정치에, 살인적인 노동 억압……. 뭐 써 놓고 보니 쭉 어두웠던 것만 같긴 같네(^^;;;)!

그러나 한편으로 생각해 봐. 걸음마를 배울 때 한 번도 안 넘어지고, 머리를 콩 찧고는 우왕 하고 울어 보지 않고, 처음부터 척척 걷는 아기가 있을까?

뭐든지 공부를 할 때 실수하거나, 어려워서 머리를 싸매거나, 아는 줄 알았는데 잘 몰라서 창피를 당하거나 하지 않고 뭐든지 척척 풀어내는 사람이 몇이나 될까?

우리 국민은 민주주의를 세우고, 부강한 나라를 만드는 숙제를 너무 급작스럽게 풀어야 했어. 그러다 보니 실수도 잦고, 어설픈 점, 아쉬운 점이 많을 수밖에 없었지. 그래도 다른 나라와 비교해 보면 그런대로 잘해 온 셈이야.

다른 나라에서는 나라가 조각조각 쪼개져서 한국 전쟁과 같은 전쟁을 몇 번이고 되풀이하기도 하고, 수십 년 동안 독재에서 한 걸음도 못 벗어나기도 하고, 가면 갈수록 나라 경제가 좋아지기는커녕 더 나빠지는 경우도 많았거든. 소위 선진국이라고 하는 나라들도 처음부터 앞선 것이 아니고, 우리나라보다 훨씬 무서운 일을 겪으며 민주주의와 경제를 발전시켜 온 나라가

126 | 김구·전태일·박종철이 들려주는 현대사 이야기

대부분이야.

　형은 이승만 대통령도 박정희 대통령도 모두 나름대로 나라를 사랑한 분들이었다고 생각해. 다만 그 방법이 꼭 옳지는 않았고, 때로는 안타까운 실수를 했던 것이지. 이승만 대통령이 일본처럼 국민 교육을 일부러 차단했더라면 4·19는 없었을지 몰라. 박정희 대통령도 말로만 경제 발전을 외치면서 자신과 가족들만 호화롭게 살 수도 있었어.

　실제로 우리와 비슷한 시기에 독립했던 아시아와 아프리카, 남아메리카의 많은 나라가 그런 식이었거든. 독재자와 그의 가족들을 위해 나라가 움직였고, 독재를 굳히려고, 국민은 못 배우고 못 먹는 비참함에서 벗어나지 못하도록 했지.

　어떤 분들은 5·16이 없었더라면 정통성 있는 민주 정부가 순조롭게 경제를 발전시켰을 거라고 하지만, 확신할 수 없지. 아무튼 짧은 시간 내에 놀랄 만큼 경제를 발전시킨 공로는 인정해야 한다고 봐.

　다만 너무 빠르게만 하려다 보니 대충 넘어가는 게 많았고, 버리고 간 사람이 많았던 거지. 더디 가더라도 고르게 발전했으면 좋은데, 도시를 키우기 위해 농촌을 죽이고, 공업을 살리느라 농업을 죽이고, 기업을 위헤 노동자를 억누르고…… 하는 '불균등 발전'이 박정희 집권 18년 동안 되풀이되었어. 그 영향은 오늘날의 대한민국에도 뚜렷이 남아 있지.

하지만 그런 불균형을 그냥 보아 넘기지 않는 양심의 목소리들이 끊임없이 있었고, 마침내 많은 사람이 깨닫게 된단다. "누군가의 희생으로만 이루어지는 발전은 발전이 아니다"는 진리 말이야. 그리고 민주주의와 경제 발전이 결코 다른 이야기가 아니라는 것도.

박정희 집권, 18년

좀 어려운가? ^^;;; 그럼 이 이야기는 나중에 또 하기로 하고, 오늘은 박정희 정권의 마지막 모습에 대해 이야기해 보자.

참 묘하지? 이승만 정권이 국민 교육에 힘쓴 덕분에 국민의 민주주의 의식이 높아져서 결국 정권이 무너진 것처럼, 박정희 정권이 경제를 발전시킨 것도 결국 부메랑으로 돌아왔어. 너무 너무 못 살 때는 '그래, 독재라도 좋다. 경제만 살려다오.' 하던 국민이, 살림살이가 그럭저럭 넉넉해지자 더 많은 민주주의를 바라기 시작한 거야.

박정희 정권은 '경제'가 더 이상 먹히지 않으니까 '반공'을 내세울 수밖에 없었지. 하지만 그것도 쉽지 않았어, 1970년을 전후로 세계는 미국 중심의 자유주의 진영과 소련 중심의 사회주의 진영 사이에 데탕트, 즉 화해 협력 분위기가 대세였거든.

5·16 군사 쿠데타로 정권을 잡은
박정희 대통령은 18년 동안 집권한
최장수 대통령이야.

베트남 전쟁에서 참담한 패배를 하고만 미국이 힘으로만 밀어붙이던 외교 정책을 반성하기 시작했고, 소련에서도 스탈린이 죽은 이후 대결보다 평화 공존을 생각했기 때문이지. 따라서 미국과 중국이 수교하고, 주한 미군조차 철수시키려는 조짐을 보이자 철저한 반공을 내세워 온 박정희 정권은 당황할 수밖에 없었어.

그래도 경제 발전의 공로가 있었기 때문에, 그 시점에서 포기하고 물러났더라면 박정희는 지금 대한민국을 발전시킨 위인으로 추앙받고 있을지도 몰라. 하지만 불행히도 영 아니었지.

'이만큼 발전시킨 공로는 나에게 있다. 지금 내가 그만두면 이 나라는 다시 형편없어질 것이다. 나는 그만두고 싶어도 못 그만둔다.' 이렇게 생각했던 거지. 이것 역시 독재자들이 흔히 하는 착각이야.

하지만 어떡하니? 이미 국민은 공화당 정권에 염증을 느끼기 시작했는데. 생각 끝에, 박정희는 초강수를 두었지. 5·16과 같은 쿠데타를 한 차례 더 벌이기로!

1972년 7월에 북한에 특사를 보내 남북 공동 성명을 발표하고 당장에라도 통일될 듯한 분위기를 연출하더니, "통일을 준비하려면 우리의 체제를 정비하고 혼란을 줄여야 한다"는 명목으로 이른바 '10월 유신'을 단행해 버렸어.

이 유신이란 대통령에게 사실상 임금과 같은 막강한 권력을 부여하고, 국민이 대통령을 합법적으로 갈아 치울 수 있는 권한을 대부분 제한해 버림으로써 영구 집권이 가능하게 한 것이었어. 이제까지의 정치 방식도 제대로 된 민주주의라고 하기에는 거리가 있었지만, 이로써 노골적인 독재 정권이 탄생한 것이지.

유신으로 북한의 김일성에 못지않은 절대적인 독재자가 된 박정희는 반발을 막기 위해 항의하는 학생과 지식인들을 마구잡이로 체포하고, 고문하고, 처벌했어. 그리고 그들에게 "북한의 지령을 받아 대한민국을 무너뜨리려 하는 간첩들"이라는 누명을 씌웠지.

1973년의 최종길 교수 사건, 1974년의 민청학련 사건, 1979년의 크리스천 아카데미 사건이 다 그런 식이었어. 그뿐만 아니라 강력한 경쟁자였던 김대중 씨를 납치해서 살해하려 했고, 정권 비판의 목소리를 실었던 〈동아일보〉에 광고를 못 싣도록 압력을 넣는 등 온갖 방법으로 정권을 지키려 안간힘을 썼어. 하지만 정의를 언제까지나 감옥에 가둬 둘 수는 없었지.

1979년에 야당인 신민당을 이끌며 정권에 저항해 온 김영삼 총재를 억지로 국회에서 내쫓자, 이에 반발한 부산과 마산 시민이 대규모 시위를 벌였어. 가까스로 진압되었지만, 그 열기는 곧 전국에 퍼져서 제2의 4·19가 일어날 듯한 조짐이 보였어.

그러나 박정희 정권은 이승만 정권과는 다른 방식으로 끝났어. 그해 10월 26일, 중앙정보부장이라는 높은 자리에 있던 김재규가 그를 암살한 거야. 김재규가 왜 그랬는지는 확실하지 않아. 박정희의 신임을 잃자 앙심을 품고 저질렀다고도 하고, 민주주의 회복을 위해 그랬다고도 하지.

아무튼 중요한 점은 그의 죽음과 함께 서슬이 시퍼런 유신 독재 정권도 봄날의 고드름처럼 허무하게 녹아내렸다는 거야. 그런 면에서 독재의 끝은 허망하지. 믿었던 국민에게 버림받고 조국을 떠나 외국에서 쓸쓸히 살아야 했던 이승만, 믿었던 부하의 손에 쓰러진 박정희, 누가 더 불쌍한 사람일까?

자, 이렇게 또 하나의 시대가 끝났단다. 그리고 나, 태일이 형이 우리 역돌이에게 보내는 메일도 이게 끝이구나. 재미있었니? ^^

이제 1980년대는 종철이하고 다시 공부할 텐데, 그 시대에도 어렵고 아쉬운 점은 있어, 그러나 희망의 목소리도 차차 커지고, 마침내 깜짝 놀랄 만큼 우렁찬 소리로 터져 나오게 될 거란다. 기대해 주렴. ^0^

그럼 또 보자!

태일이 형이.

박정희는 영웅인가요?

 야! 역돌아, 짱 오랜만이다! 짜식, 그동안 왜 이렇게 안 보였어?

 역돌아, 안녕? 나도 정말 궁금했어. *^^*

 아, 철수야, 영희야, 반갑다. 하하……. 그동안 메신저에서 너희가 대화를 신청해도 안 받아주고 그래서 기분 상했지? 미안, 미안, 미안X1000이!! ^^ ……실은, 나 요즘 역사 배우고 있거든.

 뭐? 역사? 어느 학원인데?

 ^^;;; 아니, 학원이 아니야……. 영희야, 전에 내가 백범 김구 할아버지랑, 전태일, 박종철 형이랑 만나고 있다는 이야기 한 거 기억 안 나니?

 당근 기억나지. 그때 역돌이는 참 재미있는 꿈을 꾼다고 생각했었는데?

어떻게 경제를 발전시켰나요? | 133

꿈이 아니야! 믿기지 않겠지만, 난 요즘 저승에 계신 그분들의 영혼하고 메신저로 대화를 하고 있다고! 그분들이 메일로 현대사 이야기를 재미있고 알기 쉽게 가르쳐 주시고 말이야!

 ????? 야……, 이억돌, 너 돌았니?

 너, 내가 돈 것 같니? -_- 아까 네가 빼먹은 숙제 베끼게 해 준 것 잊었어? 맛이 간 친구의 숙제를 베껴서 선생님한테 칭찬까지 들은 넌 뭔데???

 워, 워!! 야, 그렇다고 치사하게 영희 듣는 데서 그걸……. ㅇㅅㅇ 쳇!! 좋아, 돌았다는 말은 취소할게. 그럼 뭐야, 장난치는 거냐?

 영희야, 너도 내가 장난치는 것 같니?

 ……그런 일이 가능한지는 모르겠지만……. 난 일단 억돌이 말을 믿어.

 와우! 역시 영희가 최고야! ^^ 왜 믿는데?

요즘 역돌이가 입만 열면 현대사 이야기더라고. 아주 자세히 알고 있고, 어른처럼 진지한 이야기도 하고……. 분명히 얼마 전까지만 해도 현대사는 이승만이 먼저인지 박정희가 먼저인지도 몰랐는데 말이야. 그걸 보면 분명히 뭔가 있었던 것 같아.

ㅡ_ㅡ;;;;;;

ㅋㅋㅋㅋㅋ

아무튼……, 영희 말대로 난 요즘 그 세 분한테 현대사를 배우다 보니 정말 재미있어. 얼마 전에는 전태일 형한테서 박정희 시대를 배웠지.

정말? 진짜 재밌었겠다~! 전태일은 박정희를 뭐라고 하든? 몹시 나쁜 사람이었다고 하지??

음, 그건…….

울 아빠가 그러는데 박정희 대통령이야말로 역대 최고의 대통령이었다던데?

그건 너희 아빠가 잘못 아시는 거야. 박정희는 친일파였고 독재자였어. 정권을 유지하려고 많은 사람을 죽였고 말이야! 그게 어떻게 최고의 대통령이 되니?

됐거든? 인터넷 쳐 봐. 박정희가 역대 대통령 중 인기 짱! 역대 인물 중에서도 5등 안으로는 먹어 주시는 것도 모르니? 솔까말 나도 커서 박 대통령처럼 되고 싶은데.

아이고~! 네가 박정희 2가 되면, 난 이민 간다. 그럴 리도 없겠지만!

뭐? 영희, 너 말 다 했어? --+ 예쁘면 다야?

얘들아, 얘들아! 싸우지들 마! 태일이 형 얘기로는 좀 복잡해. 말하자면…… 음, 좋은 점도 있었지만, 나쁜 점도 있었던……, 어쨌든 아주 특별한 사람이었던 것 같아.

그게 뭐야? 좋으면 좋고, 나쁘면 나쁘고 어느 한 쪽으로 얘기를 해야지! 너 진짜 전태일하고 이야기한 것 맞아?

맞다니깐! 하지만 막상 설명을 하려니 좀……. -_-;;;;;

좋아, 역돌아. 그럼 이렇게 하자.

어떻게?

나도 사실 무척 궁금하거든. 그 세 사람이 들려주는 현대사 이야기가 어떤 것인지. 그러니까 우리 둘도 너랑 함께 그분들 이야기를 들어 보면 안 될까?

음……, 으음???

그래, 그게 좋겠다! 나도 갑자기 땡기는데?

음……, 그분들이 허락해 줄지 모르겠지만, 얘기는 해볼게. ……그래, 나도 니희랑 같이 들으면 참 좋을 것 같아. 왜 진작 그 생각을 못했지? ^^

잘되면 좋겠다~ ^^

 나도! ㅎㅎ

 그래, 그럼 빛의 속도로 연락해 볼게! 기다리고 있어 줘! ^o^

연표로 살펴보는 우리 현대사

- 1961년 5월 16일 — 박정희의 군사 쿠데타로 제2공화국 몰락.
- 1962년 1월 13일 — 제1차 경제 개발 5개년 계획 시작.
- 1964년 6월 3일 — 한일 회담 발표에 반대하는 대규모 시위가 일어남.
- 1964년 9월 11일 — 베트남 파병 시작.
- 1965년 6월 22일 — 한일 협정 조인.
- 1970년 7월 7일 — 경부 고속도로 개통.
- 1970년 11월 13일 — 근로기준법을 지키라며 청계천 거리에서 전태일 분신.
- 1972년 10월 10일 — 박정희 대통령의 영구 집권을 주된 내용으로 하는 '10월 유신' 선포.
- 1973년 8월 8일 — 김대중 납치 사건.
- 1974년 8월 15일 — 박정희 암살 시도. 영부인 육영수 사망.
- 1977년 — 수출 100억 달러 달성.
- 1979년 10월 16일 — 부산·마산 민주 항쟁.
- 1979년 10월 26일 — 박정희 피살.

올림픽이 열리기까지, 무슨 일이 있었나요?

> 보낸 사람 | 종철@하늘.org
> 보낸 날짜 | 2010년 X월 XX일
> 받는 사람 | 역돌이@대한민국.net, 철수@대한민국.net, 영희@대한민국.net

안녕? 영희야?

안녕? 철수야?

안녕? 역돌아? ^^;;;

야, 이거 왠지 쑥스럽네! 역돌이 한 사람하고만 조곤조곤 이야기를 나누다가, 똘망똘망한 친구들이 갑자기 둘이 더 들어오니, 흥분되기도 하고, 걱정되기도 하고 막 이렇다. ^^ 기대를 저버리면 아니 되옵니다, 인데…….

아무튼 철수와 영희, 우리 이야기에 관심을 가져 주고, 역돌이를 믿고 함께 해 줘서 정말 고맙다. 물론 환영이고! ……다만 순서상 이제 내기 진행할 1980년대하고, 마지막에 전체적으로 정리할 부분, 둘만 남아 있어서 좀 실망일지도……. ^^;;;;;

그래도 백범 선생님의 대한민국 정부수립 당시와 태일이 형의 1960년대처럼, 이 시대도 내가 열심히 살아가려 애쓰고 고민했던 시절이야……. 그러니까 그만큼 생생한 이야기를 전해 줄 수 있지 않을까, 생각해 본다. 기대들 해 주렴!

으흠, 그럼 시작한다!!!

전두환의 쿠데타

자, 영웅인지 원흉인지 모르겠지만, 아무튼 박정희 대통령은 죽었어.

다음 대통령은 누가 될 것인가? 모두 세 사람 중 하나일 거라고 생각했지.

1971년에 야당의 대통령 후보로 나서서 박정희의 연임을 거의 저지할 뻔했고, 그 보복으로 하마터면 암살될 뻔했던 김대중 씨.

역시 야당의 대표적 지도자로, 정권의 탄압을 받음으로써 부산·마산 민주 항쟁의 불길이 일어나도록 했던 김영삼 씨.

5·16 이후부터 박정희의 오른팔 노릇을 하다가, 너무 야심적이어서인지 한때 찬밥 신세가 되기도 했던 김종필 씨.

우연히도 세 사람이 모두 김씨였기 때문에, 이후 이들을 가리켜 '3김씨'라고 하고, 이들이 정치를 주도했던 1980년대부터 1990년대까지를 '3김 시대'라고 부르기도 한단다.

그런데 결과는 너무도 뜻밖이었어. 3김씨 중 누구도 대통령이 되지 못했거든!

그럼 누가? 전두환 보안사령관이었어. 박 대통령이 암살될 때까지 일반 국민에게는 별로 알려지지 않은 사람이지만, 군대 내부에서는 명성이 있었지. 박 대통령을 '아버지'라고 부르고, 박 대통령도 특별히 키워 준다는 말이 많았거든.

그는 보안사령관의 지위를 이용해서 박 대통령 시해 사건 수사를 담당했고, 그 수사관의 자격으로 당시 사실상의 최고 통치권을 가지고 있던 계엄사령관 정승화에게 '각하의 시해와 관련이 있을지 모른다'는 혐의를 씌워 전격 체포했지.

1979년 12월 12일이었어. 하급자가 상급자에게 총을 들이대고 강제 연행한 사건이므로, 사실상 쿠데타였지. 이후 군대를 장악한 전두환은 1980년 5월 17일에 "비상계엄을 전국으로 확대하며, 국회를 해산하고, 전두환을 위원장으로 하는 국가 보위 비상 대책 위원회가 사실상 나라를 통치한다"는 조치를 발표했어, 12·12에 이어 최종적으로 대한민국을 잡아먹은 것이었지.

광주 민주화 운동

여기에 반발한 사람들은 물론 많았지. 대표적으로 광주 시민은 대규모의 시위를 벌이며 전두환에게 저항했어. 그러자 제7공수여단이 전격적으로 광주에 투입되었어. 그다음은…….

4·19 때도 시위대에게 총을 쏜 것은 경찰이고 군인이 아니었지. 그런데 이번에는 대한민국의 군대가 대한민국 국민을 적군을 섬멸하듯 마구잡이로 공격했던 거야. 빛의 도시 광주는 순식간에 피로 물들었고, 전쟁터처럼 변했지.

전두환은 광주 시민을 잔혹하게 학살함으로써 전국에 본보기를 보였어. 누구든 항의하는 자가 있다면 인정사정 봐주지 않겠다는 것이었지. 그 무지막지한 위협이 먹혔던지 시위는 줄어들었고, 전두환은 헌법을 고쳐 제5공화국을 만들고는, 국민의 뜻을 제대로 반영하지 않는, 여당이 거의 틀림없이 이기는 '무늬만 선거'를 거쳐 대통령이 되었어.

대통령이 될 꿈에 부풀었던 3김씨들은 모두 한심한 처지에 놓였어. 김종필은 '부패한 정치인'이라는 낙인을 받은 다음 정계 은퇴를 선언하고 미국으로 갔고, 김영삼도 마찬가지로 정계 은퇴를 강요당했어.

김대중은 이른바 '북한의 지시를 받고 내란을 일으키려 했다'는 꾸며낸 죄목으로 사형 선고까지 받았으나, 미국을 비롯한 여러 쪽에서의 탄원으로 목숨은 건진 채 미국으로 떠났지.

어때, 김이 팍 새지? 박정희 독재가 무너지면서 이제야말로 참된 민주주의가 꽃피나 했더니, 다시 한 번 박정희 때와 비슷

1980년 5월 18일, 전두환은 광주 시민을 잔혹하게 학살했어. 그러나 참된 민주주의가 꽃피고 있었어.

한 세상이 오고 말았으니 말이야. 당시의 많은 사람도 그랬어. 어떤 미국 사람은 "한국에서 민주주의가 이루어지기를 기다리는 것은 쓰레기통에서 장미꽃이 피기를 기다리는 것과 다름없다"는, 좀 분통이 터지는 말을 남겼다지.

그러나 꽃은 피고 있었어. 이번에는 결코 피어나자마자 된서리를 맞아 꺾이지 않을, 자유와 민주의 붉은 꽃이! 그 이야기는 다음에 해 보자. 그럼 모두, 잘들 지내! 의문 나는 것 있으면 언제든지 묻고! ^^

종철이 형/오빠로부터.

보낸 사람 | 철수@대한민국.net
보낸 날짜 | 2010년 X월 XX일
받는 사람 | 종철@하늘.org

종철 형! 안녕하세요? 저요, 철수! ㅋㅋ
형이 해 주신 이야기 재미있었어요. 우왕 굿! d^^b
그런데요. 궁금한 게 한 가지…….
아빠한테 형이 해주신 광주 사태(아, 이제는 광주 민주화 운동이라고 불러야 한다죠?) 이야기를 해 드렸거든요? 그런데 아빠가요…….
5·18 광주의 경우에는 3·1 운동이나 4·19 혁명과는 상황이 달랐대요.
폭력을 쓰지 않고 평화로운 시위만 한 것이 아니고, 시위대가 무기고를 탈취하고, 총을 막 쏘고, 그랬다나요? 그러니까 군인들도 마주 쏠 수밖에 없지 않았느냐고 하세요.
또 당시 북한이 박 대통령 사후의 혼란기를 틈타 쳐내려오려고 했다더라고요. 그 준비 작업으로 광주에서 폭동을 일으키게 한 것이고. 그래서 아주 빨리 폭동을 진압해야 했다나요?
전 아빠 말씀이 맞는 건지, 형 말씀이 옳은 건지 잘 모르겠어요.
가르쳐 주세요. 네?

철수가.

보낸 사람 | 영희@대한민국.net
보낸 날짜 | 2010년 X월 XX일
받는 사람 | 종철@하늘.org

종철 오빠, 안녕하세요? ^^ 영희예요.

전부터 책이나 TV 프로그램 등으로 오빠의 이름은 듣고 있었어요……. 그런데 비록 온라인상이지만, 오빠를 직접 만나뵙게 되어서 아주 기쁘고, 영광이에요. *^^*

지난번 메일은 감사히 잘 받았고, 많은 공부가 되었는데요……,

다만 한 가지 여쭤 보고 싶은 게 있었어요. ^^.;;;

오빠 말씀을 들어 보면 새로 정권을 잡은 전두환 일파는 박정희를 그대로 계승하고 있잖아요?

그런데 왜 박정희 일파인 김종필을 내쫓았지요?

또 박정희 시대의 공화당을 그대로 계승하지 않고, 민정당이라는 이름의 새 정당을 만들었다던데……, 왜 그랬을까요?

이 작은 소녀^^ 의 작은 궁금증을 풀어 주세요~

다음에 또 봬요!

영희가.

보낸 사람 | 종철@하늘.org
보낸 날짜 | 2010년 X월 XX일
받는 사람 | 역돌이@대한민국.net, 철수@대한민국.net, 영희@대한민국.net

역돌이, 철수, 영희, 모두 안녕? ^^

오늘은 1980년대의 나머지 이야기를 해야 하는데…….

철수와 영희가 지난번 메일 내용을 두고 질문을 보내왔었지? 그것부터 이야기해야겠다.

철수 아버지의 편견

먼저 철수의 궁금증부터!

내가 보기에는 철수네 아버지가 조금 편견을 갖고 계신 듯하구나.

광주 시민이 무기를 손에 들었던 것은 사실이야. 하지만 그게 언제지? 처음부터였을까? 공수 부대가 가만히 있는데 먼저?

하긴 나중에 이 문제를 두고 청문회라는 것을 열었는데, 거기 나온 당시 사령관이 그런 식으로 설명하더라. 자신을 스스로 지킬 권리, 즉 '자위권'을 발동했을 뿐이라고.

다른 말로 하면 궁지에 몰린 고양이들이 쥐를 물었다……. 뭐 이런 이야기지. ^^

당시 현장에 있었다가 살아남은 사람들의 증언을 들으면 공수 부대는 아무 무장도 하지 않은 일반인들도 가리지 않고 쏘았어. 지나가던 버스에 대고 총질을 했는데, 몰살당한 사람들의 시쳇더미 속에서 기적적으로 죽음을 면한 고등학생 한 명만 기어 나오더래. 군인들의 눈에는 시내버스가 탱크로 보이고, 거기 탄 사람들이 북한군 군복이라도 입은 듯 보였나 봐?

북한이 광주와 관련이 있다는 이야기는 당시 권력을 쥔 쪽에서 퍼뜨렸던 이야기야. 하긴 김일성이 남한의 그런 혼란을 이용해 볼까 생각했을 수도 있지. 하지만 어림없었어. 미국이 떡 하니 버티고 있었으니까.

북한의 후원자들인 소련과 중국도 당시 데탕트 움직임으로 모처럼 화해 분위기가 무르익었는데, 북한이 산통을 다 깨는 것을 찬성했을 리 없지.

그런데 북한이 수도 서울이나 공업 단지가 있는 포항, 울산 등도 아니고, 생뚱맞게도 광주에서 폭동을 일으키도록 조종했을까?

그 시대를 살았던 나이지만, 모든 것을 다 알고 있을 수는 없어.

하지만 여러 가지로 앞뒤를 맞춰 보면, 철수 아버지께서 가지신 생각이 오해일 가능성이 매우 크다는 것을 알 수 있을 거야. 그렇지 않겠니? ^^

박정희가 키운 전두환 일파

다음으로 영희의 질문을 생각해 보자.

음, 확실히 전두환 일파는 박정희가 키운 세력이라고 할 수 있고, 이후 박정희가 쓰던 방식을 본받아서 통치했어.

하지만 그들도 알고 있었던 거야. 어수선한 상황에서 재빠른 행동으로, 그리고 무지막지한 무력 사용으로 권력을 잡았지만, 본래 박정희 식의 정치에 국민이 염증을 낼 만큼 내고 있었음을.

전두환 등 군부 세력은
1979년 무력으로 권력을 탈취했어.

 그래서 그들은 박정희를 영웅처럼 받들면서도, 한편으로 그 시대의 잘못을 끄집어냈어. 대표적인 것이 부정부패였지. 영웅시하는 박정희 본인에게는 부패의 혐의를 돌릴 수 없으니, '그 밑에 있던 파렴치한 인간들'이 표적이 될 수밖에.
 그래서 김종필을 비롯한 많은 공화당 인사들이 부패 정치인으로 몰려 정치에서 손을 떼어야 했고, 공화당의 당 이름도 계승하지 않았던 거야. '우리는 저들과 다른, 참신한 세력이다!'라는 인상을 심어 주기 위해서였지.
 그래서 전두환이 집권하고 나서 한동안 계속 떠들었던 것이

150 | 김구·전태일·박종철이 들려주는 현대사 이야기

'정화'였어. 여자아이 이름이 아니고……. ^^ '공기 정화', '정화조'라고 할 때의 '정화'란다. 깨끗하게 청소한다는 뜻이지. 정치는 물론 사회 구석구석에 배어들어 있는 부패와 비리를 깨끗이 청소해서 밝고 맑은 사회를 만들겠다는 뜻이지.

자, 이제는 영희도 궁금증이 풀렸겠지? 그러면 계속 가 보자. 사실 영희의 질문은 새로운 군부 세력이 어떻게 권력을 유지하려 했는가의 문제와 바로 이어지거든.

전두환 일파는 박정희의 방식대로 '반공'과 '경제'를 내세워 국민의 환심을 사려고 했지. 하지만 그것만으로는 부족하다는 걸 아는 그들이잖니? 그래서 방금 말한 대로 정화를 목청껏 외쳤고, 또한 전두환 스스로 입버릇처럼 "나는 7년 임기를 마치고 반드시 물러나겠다"고 다짐하고는 했어.

어떻게 보면 당연한 소리를 하는 것 같지? 임기가 끝나면 물러나는 건데 말이야. 하지만 그때까지의 대통령들은 안 그랬거든. 권력이 바뀔 때 얼떨결에 대통령이 된 윤보선, 최규하를 제외하면 이승만도 박정희도 임기가 끝나면 다시 출마해서 다시 당선되든지, 헌법에 규정된, 계속해서 대통령이 되면 안 된다는 조항을 뜯어고치든지 해서 임기를 계속 늘리며 결코 청와대에서 나오려고 하지 않았지.

'거기에 비하면 나 전두환은 얼마나 깨끗하고 시원시원하냐? 시대가 내게 준 사명을 마치고 나면, 나는 아무런 미련 없이 대통령을 그만두겠다!'고 선전했던 거야.

또 혼자서 권력을 거머쥔 게 아니라 육사 동기생인 노태우, 정호용, 박준병 등과 함께했던 것이기에, 자신이 먼저 대통령을 하고 나면 그들에게 차례로 넘겨 줄 필요가 있기 때문이었지. 아무튼 "반드시 7년만 하겠다"는 다짐은 귀가 아프도록 계속되었어.

이처럼 "비록 잘못된 수단으로 정권을 잡았지만, 과거 독재자들에 비하면 깨끗하고 사심없는 사람들"이라는 인상을 심어 주려고 노력한 한편, 국민의 마음을 정치가 아닌 다른 곳으로 돌릴 수단도 강구했어.

그 수단이란 바로 스포츠와 예능 등의 대중문화였지. 전두환 스스로 학교 다닐 때 공부는 못했지만 축구는 엄청 잘했다는데, 임기 중에 프로 축구(1980년), 프로 야구(1982년), 프로 씨름(1983년) 등 프로 스포츠를 본격적으로 출범시켜서 스포츠 붐을 일으켰어.

또 1980년 12월부터 컬러텔레비전 방송을 시작하면서, 검소함, 가족애, 반공 등만 다루던 그때까지의 TV 드라마나 예능과는 차원이 다른, 그야말로 오락만을 바라보는 현란한 프로그램이 쏟아지게끔 했지.

국민의 눈과 귀를 프로야구의 승패나 오락 프로그램에 나온 스타들의 몸짓 같은 데 쏠리게 해서, 정치적 불만을 잠재우려한 거지. 왜, 심각한 이야기를 하고 있다가도 옆에 있는 텔레비전에서 개그 프로가 나오면 분위기가 가벼워지고, 생각 없이 깔깔 웃다 보면 처음에 하던 이야기는 어느새 잊어버리는 경우가 있잖니? 그런 효과를 노린 거지.

그렇게 보면 과거보다 국민의 생활이 다채로워지고 자유로워진 것도 같지. 하지만 그런 흥겨움이란 어디까지나 정부 여당을 찬양하거나 최소한 비판하지 않는 선을 지켜야만 했어. TV나 신문에서 간접적으로라도 정부를 안 좋게 이야기하면 당장 쫓겨났지.

북한이나 소련, 중국 등에 대해서는 나쁜 뉴스만 보도할 수 있었고. 당시의 유명한 코미디언 한 사람은 특별히 정부를 비판한 일도 없었는데, 어느 날 갑자기 방송에 나오지 못하게 되었어, 그의 얼굴이 전두환 대통령을 연상케 한다는 지적이 나왔거든. 감히 신성한 존재인 대통령과 우스꽝스러운 광대를 비교하게 둘 수 있느냐, 그런 거였지.

'유비통신'과 '두환이 시리즈'

그래도 사람들은 '유비통신'과 '두환이 시리즈' 등으로 권력의 뒤에서 진실을 나누고, 권력자들을 조롱했어. '유비통신'

이라는 건, '유언비어'라는 말 알지? 다른 말로 하면 '믿거나 말거나', 즉 확실한 근거가 없는 소문이라는 말이지. 당시의 언론이 일어나는 일을 곧이곧대로 전할 수가 없었기 때문에, 몰래 입에서 입으로 속삭이는 유언비어가 마치 언론처럼 구실을 했다는 이야기야.

'두환이 시리즈'는 전두환의 대머리, 무식해 보이는 행동 등을 빗대어 만든 농담이었어. 민주 국가에서야 정치인을 두고 농담을 한다고 뭐랄 사람이 없지만, 당시로써는 '빨갱이'로 몰려 감옥에 갇힐 수도 있는 일이었지. 형도 당시 대학을 다니면서, 남의 눈을 피해 친구들끼리 그런 농담을 주고받으며 웃었던 기억이 새롭다. ^^

전두환 정권이 인기를 얻기 위해 추진했던 가장 원대한 프로젝트는 바로 '올림픽 유치'였어. 그때까지 멕시코를 제외하면 개발도상국에서 올림픽이 열린 적이 없었고, 아시아에서는 일본만 개최했었기 때문에 1981년의 서울 올림픽 유치는 놀랄 만한 일이었지.

온 힘을 기울여 올림픽을 따낸 정권은 '전두환 대통령이 아니었으면 어떻게 이런 국가의 경사가 있었겠는가?' 식으로 지겨울 정도로 홍보를 했어. 그리고 '성공적인 올림픽 개최'를 위해서라며 가난한 사람들의 집과 점포를 밀어 버리고 새로 번쩍거리는 거리를 만들었지.

그런데 여기서 이 정권의 끝은 보이기 시작하고 있었어.

그렇게 온갖 수단을 써서 국민의 환심을 사고, 국민을 정치에 무관심하게 만들려고 했지만 이승만과 박정희 독재정권의 몰락을 겪은 국민의 마음속에는 민주주의에 대한 열망이 식지 않았던 거야.

정권이 올림픽을 따낸 것도 결국 부메랑이 되었어. 국민은 올림픽 개최국이라는 점에 무한한 자부심을 느끼면서, 한편 이렇게 생각한 거지. '우리는 참 좋은 나라다. 전과 달리 이제는 경제도 발전했고, 교육과 문화 수준도 높다. 그런데 왜 정치만 이 모양인가? 외국에서 찾아온 손님들에게 당당히 코리아를 자랑할 수 있으려면, 정치가 민주화되어야 한다.'

이런 생각은 마치 땅속 깊은 곳에서 흐르는 용암처럼 부글부글 끓고 있었어. 그리고 마침내 화산이 폭발하듯이 팡 하고 터져 나오는 때가 있었지! 좀 쑥스럽지만, 내가 바로 그 계기를 제공했단다. ^^.;;;

6월 민주 항쟁

그때는 1987년 1월 14일이었어. 서울대학교 언어학과 3학년이었던 형은, 자취방에서 책을 읽고 있다가 갑자기 들이닥친 경찰들에게 붙들려 서울 남영동에 있던 '대공분실'로 끌려갔어. 대공분실이란 간첩 혐의자들을 심문하기 위한 곳인데, 말이 좋아 심문이지 야만적인 고문을 하는 무서운 곳이었지.

거기서 나는 학생 운동을 하며 경찰을 피해 다니고 있던 박종운이라는 선배가 어디 있는지 대라는 말을 들었어. 거부했지. 그러자 그들은 나를 마구 때리고 욕하더니……, 물이 가득 담긴 욕조로 끌고 가서 사정없이 머리를 처넣기 시작했어. 말하자면 '물고문'을 한 거야…….

하지만 그들은 실수를 했어. 고문을 해서 선배를 배신하게 하려던 것인데, 내가 그만 고문을 이기지 못하고, 그래……, 세상을 떠난 거지. 이걸 어떻게 하나? 당황한 경찰관들은 상부에 보고했어.

그래서 그 다음 날 저녁, 그야말로 코미디 같은 발표가 나온 거야. "박종철을 불러다 놓고, 자백을 하라며 책상을 한번 '탁' 쳤더니, '억' 하면서 쓰러졌다."

나 원 참, 나는 그때 혼령이 되어서 그 발표 현장에 있었는데, 너무 말도 안 되는 발표를 하니까 화보다 웃음이 먼저 나오더라. ^^ 내가 그렇게 튼튼한 편은 아니었지만, 그래도 어떻게 직접 때린 것도 아니고 책상을 탁 치는데 억 하고 죽을 수가 있겠니? 내가 뭐 하루살이니? 아니면 책상을 친 경찰관이 초사이어인? ^^

1987년 1월,
박종철 형이 경찰들한테 고문을 받고 죽었어.
그리고 전두환 독재 치하에서 종철이 형뿐만 아니라
많은 사람들이 희생되었어.

아무튼 경찰의 발표를 곧이곧대로 믿는 사람은 없었지. 야당, 학생, 그리고 김수환 추기경님 등 종교계 인사들까지 나서서 "수사 제대로 해라", "진상을 밝혀라"고 목소리를 높였고, 결국 얼마 후에 경찰은 내가 물고문을 당하다 죽었다는 사실을 실토했어.

하지만 이번에도 진상을 있는 그대로 공개하지는 않았지. 당시 현장에 있었던 경찰관의 수를 줄여서 발표하고, 무엇보다 상부와는 전혀 협의하지 않고 경찰관 두 명이 멋대로 저지른 일처럼 꾸민 거야. 나중에 이 조작 사실까지 밝혀지자, 국민은 그야말로 분노에 분노를 더했지.

생각해 보면 나의 죽음을 처음부터 있는 그대로 알렸다면, 그렇게까지 국민의 분노를 사지는 않았을 것 같아. 가짜로 발표하고, 또 속이고, 또 속이고 하니까 국민이 참다 참다 못해 폭발한 거지. 너희도 부모님이나 선생님께 뭔가 잘못한 게 있으면, 괜히 속이다가 나중에 더 큰 벌을 받지 말고 솔직하게 말하는 게 좋아. ^^

어쨌든 나의 억울한 죽음이 계기가 되어, 그야말로 온 국민이 일어서서 전두환 정권에 맞서기 시작했어. 거기에다 전두환이 지금처럼 국민이 직접 대통령을 뽑도록 헌법을 고치자는 야당의 오랜 주장을 일방적으로 거부하고, 전처럼 국민은 들러리만 서고 정해진 사람을 차기 대통령으로 뽑는 선거 제도로 가겠다

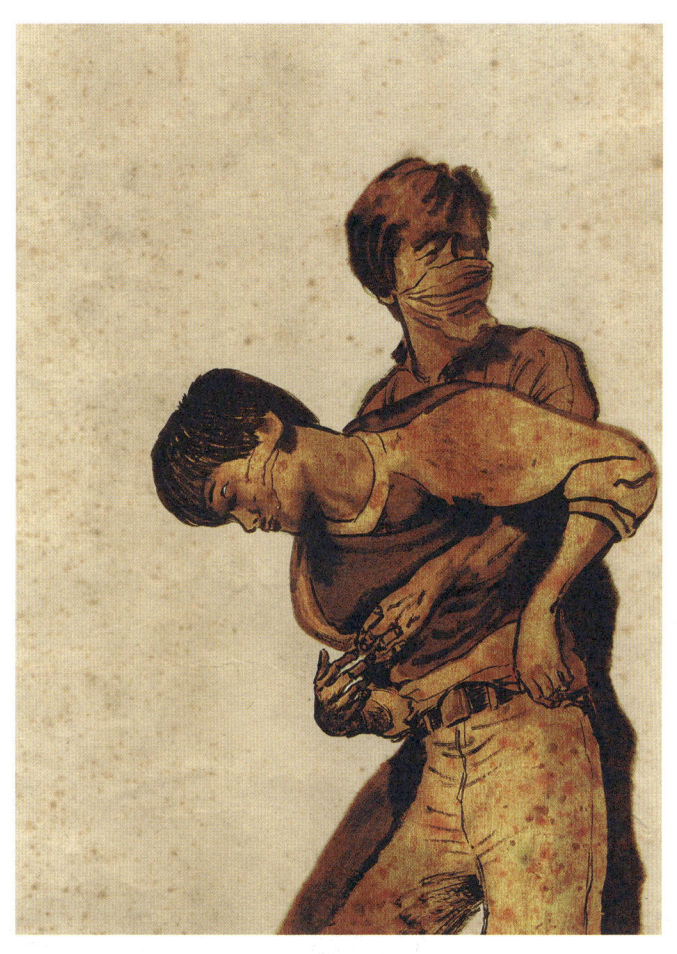

1987년 6월 9일,
이한열 형이 시위 중에 최루탄을 맞고
7월 5일 억울하게 죽었어.

올림픽이 열리기까지, 무슨 일이 있었나요?

1987년 6월,
국민들은 한목소리로 "호헌철폐, 독재 타도"를 외쳤어.

 160 | 김구·전태일·박종철이 들려주는 현대사 이야기

고 하자 불에 기름을 부은 격이 되었지.

 6월 9일에는 연세대학교 앞에서 시위 도중 이한열이 경찰이 쏜 최루탄에 맞아 중상을 입고 7월 5일 사망했어.

 6월 10일, 전국에서 반정부 시위가 벌어졌어. 푸른 제복을 입은 전투 경찰들이 몽둥이를 들고 시위대에 돌격하고, 마구 쏴 대는 최루탄의 매운 연기가 구름처럼 하늘을 뒤덮었지만, 화산 폭발과 같은 국민의 분노는 막을 길이 없었어.

 대학생들뿐이 아니었어. 회사원들은 일을 내팽개친 채 넥타이를 날리며 뛰어왔고, 여점원들은 하이힐을 벗어서 경찰에게 던졌어. 수염이 허연 할아버지조차 지팡이를 휘둘렀지. 그야말로 온 국민이 부도덕하고 비열한 정권에 저항한 거야. 이걸 '6월 항쟁'이라고 한단다.

 시위대는 한목소리로 "호헌 철폐, 독재 타도!"를 외쳤지. 내 손으로 직접 대통령을 뽑겠다는 국민의 뜻을 묵살하지 말라, 우리는 더 이상의 독재 정권을 바라지 않는다는 선언이었어. 구호 중에는 나의 사건을 빗댄 코믹한 구호도 있었단다. "군부 독재야, 탁 하고 칠 테니, 억 하고 죽어라!"

 정부 측에서는 이제 남은 방법이란 하나밖에 없었어. 군대를 동원해서 광주에서처럼 국민을 학살하는 거지. 하지만 그럴 수는 없었어. 올림픽이 코앞이잖니? 게다가 미국도 국민의 뜻을 받아들이라고 압력을 행사했고, 그동안 정부의 뜻을 무조건 따르기만 했던 재벌 기업들도 태도를 바꾸어 "이제 그만!"을 외쳤어.

5공화국의 항복

결국 5공화국은 국민에게 항복했어. 1987년 6월 29일, 민정당의 차기 대통령 후보 노태우가 '6·29 선언'을 통해 직선제로의 개헌, 김대중 씨 등의 정치 활동 허용, 언론 자유와 정당 활동의 자유 보장 등을 약속한 거야. 국민은 다시 한 번 독재에 이겼어.

그리고 이번의 승리는 전에 비해 뜻 깊었고, 또 확실한 것이었어. 4·19가 일어난 데는 경제적인 불만도 컸음을 배웠지? 부산·마산 민주 항쟁과 광주 민주화 운동은 일부 지역에 한정되었고 말이야. 그러나 6월 항쟁은 전국적인 규모였던 데다, 국민이 경제적으로는 어느 때보다 안정되어 있던 시절에 일어났어.

다시 말해서, 이제는 경제를 발전시키는 것도, 북한을 조심하는 것도, 부정부패를 없애는 것도, 다채로운 문화와 오락을 즐기는 것도 독재의 핑계가 될 수 없다는 국민적 합의가 이루어졌던 거야.

태일이 형도 말했지만, 이 땅의 독재는 그래도 기특한(?) 독재였어. 무조건 힘으로 때려잡으려고만 하지 않고(물론 때로는 그랬지만), 뭔가 국민의 환심을 사서 독재를 정당화하려고 끊임없이 노력했으니까. 그러나 이제는 그게 안 되는 거야.

하루 한 끼도 먹기 어렵던 최악의 경제 상황도 벗어나고, 북한이 쳐들어오면 고스란히 당할 수밖에 없는 국방력의 허약함도 극복하고, 선진국 문턱까지 도달한 세계로 뻗어가는 코리아가 된 지금! 이제는 경제도 반공도 뭐도 민주주의에 앞설 수는 없다고, 아니, 오히려 민주주의야말로 참된 경제 발전, 가장 강력한 반공의 토대가 된다고, 우리 국민은 깨달은 거지.

그렇게 해서 오랫동안 이 땅에서 많은 사람의 피와 눈물을 쏟게 했던 독재 정치는 끝장이 났고, 다시는 부활하지 못했어.

아, 물론 칼로 두부 자르듯 그렇게 독재에서 민주주의로 단번에 넘어간 건 아냐. 주로 두 김씨, 즉 김대중과 김영삼의 대의를 저버린 욕심 때문에 1987년 선거에서 대통령 자리는 노태우에게 넘어갔고, 우리는 12·12와 광주 학살의 주역인 그가 대통령으로서 88올림픽 개막을 선언하는 모습을 지켜봐야 했어.

하지만 아! 올림픽의 그날! 세계 각지에서 모여든 유명한 스포츠 스타들과 기자들, 정치인들, 그들이 지켜보는 가운데 우리는 어느 올림픽 못지않게 화려하고 뜻깊은 개막식을 했어. 평화의 상징인 비둘기가 날았고, 오색 풍선이 하늘을 수놓았어.

그것은 이미 군부 정권이 자신들의 인기를 얻으려고 꾸몄던

1988년 서울에서 올림픽이 열렸어.

화려한 볼거리가 아니었어, 피부색과 종교, 이념을 초월한 지구촌 한가족의 즐거운 놀이마당이었지. 그 속에서 세계와 함께 뛰고, 응원하고, 승리하며, 우리는 마침내 넘어선 거야. 약한 나라, 가난한 나라, 미국이 도와주지 않았으면 망할 수밖에 없었던 나라, 민주주의를 하기란 쓰레기통에서 장미가 피는 것보다 어려운 나라를 넘어서서, '세계 속의 한국'이 된 거야.

그 뒤로도 많은 고통과 문제점이 있었고, 과거의 어긋난 역사가 심어 놓은 독초는 아직도 완전히 제거되지 않았어. 하지만 대세는 정해진 거야. 대한민국은 한시도 쉬지 않고 발전해 왔고, 앞으로도 계속 발전할 거야.

누굴 믿고 그런 장담을 하느냐고?

그야 너희를 믿지. ^^ 철수야! 영희야! 역돌아! 너희는 대한민국에 태어난 아이들이야. 무궁무진한 가능성을 지닌 너희는, 이 나라를 더욱 발전시키고도 남을 잠재력을 가지고 있어.

그러니까 너희는 배워야 해. 컴퓨터와 영어만이 아니지. 역사를 배우고, 옛 사람들이 어떤 노력을 했으며, 무엇을 잘못했는지 알아야 해. 그리고 너희는 옛 사람들의 실수를 반복하지 않으며, 옛 사람들의 용기와 지혜를 본받아서 더욱 좋은 나라를 만들어 가야 해.

그게 나와 태일이 형, 백범 선생님, 그리고 이 나라에 태어나 이 나라를 사랑했던 모든 사람의 바람이란다.

그러면 이것으로 내 길고 긴 메일을 마칠게.

안녕, 만나서 정말 반가웠어. 또 보자.

종철이 형/오빠가.

보낸 사람 | 역돌@대한민국.net
보낸 날짜 | 2010년 X월 XX일
받는 사람 | 종철@하늘.org

아……, 감동, 감동이에요! 저 또 울었어요! 전과는 다른, 왜 있잖아요. 슬픔으로 흘리는 게 아닌 눈물. 형은 아시죠!

메일을 두 번, 세 번 읽으며 대한민국의 무한한 힘과 희망을 느낄 수 있었어요. 그리고 형과 태일이 형, 백범 할아버지의 뜨거운 나라 사랑도 느꼈어요.

말씀대로 우리는 힘을 모아서, 더 훌륭한 나라, 더 위대한 역사를 만들 거예요.

그런데요, 그럴 마음은 뜨겁지만, 과연 구체적으로 뭘 어떻게 해야 하는지는 잘 모르겠거든요? 아직도 민주주의를 더 해야 할 게 있나요? 독재는 완전히 쓰러졌다는데, 우리는 뭘 해야 하죠?

우리, 마지막으로 이걸로 재미있게 토론해 봐요. 종철이 형, 태일이 형, 백범 할아버지, 그리고 저하고 철수, 영희 모두 함께 말이에요. 정말 즐거울 거예요! 그리고 가슴이 벅찰 거예요!

그럼 형, 그때 봬요! 정말 정말 고마웠어요! (_ _)

역돌이가.

연표로 살펴보는 우리 현대사

1979년 12월 12일 ─● 전두환 보안사령관 등이 상급자인 정승화 계엄사령관을 체포하고 권력을 장악한 '12·12 사태' 발생.
1980년 5월 18일 ─● 광주 민주화 운동.
1987년 1월 14일 ─● 박종철, 고문을 당하던 중 사망.
1987년 4월 13일 ─● 전두환, 직선제 개헌 논의를 무기한 연기한다는 '4·13 호헌 조치' 발표.
1987년 6월 10일 ─● 6월 민주 항쟁.
1987년 6월 29일 ─● 노태우의 '6·29선언' 발표.
1987년 7월 5일 ─● 노동자 대투쟁 시작.
1987년 12월 16일 ─● 제13대 대통령에 노태우 당선.
1988년 9월 17일 ─● 서울 올림픽 개최.

어떤 대한민국을 만들어 가야 할까요?

 안녕, 친구들? 나 백범 할아버지야. 한국사 최고의 악당……. 크하하하핫.

 애고고, 참 죄송해요! 전 그냥 아무 생각 없이 농담 한 건데, 역돌이가 바보같이 진짜로 들어 가지고……. -_-

 우쒸~ 진짜 진짜라고 그래 놓고서~~!!! 자기가 농담해 놓고 내 잘못이라니! 이런 식이면 나 너랑 말 안 해!

 ㅋㅋㅋ 그만들 해라. 서로 불신하고 증오했기 때문에 역사가 어떻게 되었는지 배울 만큼 배웠잖니?

 맞아~ ^^ 자신의 잘못을 인정하고 남의 잘못은 용서하는 자세가 아니라, 자기 잘못까지 남에게 덮어씌우는 자세가 아니었다면 우리는 더 빛나는 역사를 갖게 되었을걸?

 맞는 말씀……이지만요. 잘못을 마냥 용서하고 이해하기만 했다면 4·19 혁명도 6월 항쟁도 없었을 거 아니에요? 그때 권력을 가진 사람들도 100퍼센트 나쁘지만은 않았다면서요?

역시 날카로운 우리 영희 씨! ㅋㅋ 그렇지만 그것이야말로 사실 정부가 스스로 잘못을 뉘우치지 않고 계속해서 국민을 속이려고, 심지어 해치려고 했기 때문에 빚어진 일들이지.

그래, 나만 해도 정부가 당장 모든 것을 해결해 주지는 못해도, 노력하는 자세만 보여줬더라면 극단적인 일을 벌이지는 않았을 거야. ^^

1988년 서울 올림픽 이후의 역사

그런가요……. 생각 좀 더 해 볼게요. ^^;; 아무튼 1988년 서울 올림픽 이후의 역사도 궁금해요. 그 뒤로는 어떤 일이 있었죠? 계속해서 전두환, 노태우의 친구들이 대통령을 했나요?

아니, 여러 가지로 엎치락뒤치락 한 끝에, 1992년에 김영삼 씨, 1997년에 김대중 씨가 차례로 정권을 잡았지. 어차피 그럴 것을, 서로 먼저 하겠다고 다투지 않았다면 1987년에 더 완전한 민주 정부가 세워졌을 텐데 말이야! 아쉽지……. 그다음으로는 노무현, 이명박 대통령이 뒤를 이었고.

어찌 됐든 좀 나중에라도 민주 정부가 세워졌다면 된 거 아닌가요?

글쎄……. 첫 단추를 잘못 끼우고 보니, 그 뒤에 세워진 정부들은 비록 전보다 민주적인 정부였지만 썩 말끔하지가 못했거든. 박정희 시대나 전두환 시대에 못된 짓을 한 사람들을 일일이 처벌할 것까지는 없지만 무슨 일이 있었는지 진상을 철저히 조사하고…….

진심 어린 사과를 받은 다음에 용서하는 과정이 필요했는데, 그게 잘 안 이루어졌어.

일본의 강제 점령 역사를 청산하는 문제 역시 마찬가지란다. 일본은 아직 우리나라에 정식으로 사과하지 않았어. 오히려 가끔 일본 덕분에 너희가 그만큼 발전한 줄 알라는 엉터리 소리나 하고 그러지. 배상은 이미 끝난 것 아니냐고 하고.

독도도 자기네 땅이니 내놓으라고 하고, 그러죠?

그렇단다. 우리나라 사람으로서 일본에 협력했던 사람들의 문제도 아직 개운하게 해결되지 않았고 말이다. 굳이 처벌하자는 게 아니고 진상을 조사하고 사과를 받자는 것인데……

아우, 진짜 답답하네요……. 그럼요, 북한은 어때요? 한국 전쟁을 일으켜 동족의 목숨을 수없이 잃게 한 일도 마찬가지 아닌가요?

물론이지! 지금은 너무 궁지에 몰려 있는 북한을 자극하지 말아야겠지만, 통일로 나아가는 과정에서 한 번은 그 문제를 짚고 넘어가야 할 거다.

너무 북한만 잘못했다고 몰아붙이는 게 아니라, 우리의 잘못도 없지 않았음을 인정하고, 함께 반성하면서 화해하는 과정이 필요하겠지.

그렇겠네요! ^^ 아, 그럼 또 궁금해지는데, 1987년 이후에는 통일과 관련해서 전과는 좀 달라지지 않았나요? 여전히 북한이라면 무조건 싫어하고, 상대도 안 하고, 막 그랬나요?

변화가 있었지! 본래 우리끼리 화해하려고 해도 세계가 미국 진영, 소련 진영, 이렇게 갈라져서 싸우고 있었으니 힘들지 않았니? 그런데 1990년대가 되면서 소련을 비롯한 여러 나라에서 공산주의가 무너졌단다.

그렇게 된 이상 더 이상 우리도 전과 똑같이 총부리를 서로 겨눈 채로 노려보고만 있을 필요는 없었지.

남북한 유엔 동시 가입

맞아. 그래서 비교적 보수적이던 노태우 정부에서도 새로운 화해의 길에 나섰단다. 1990년에 아직 공산주의 국가이던 소련과 수교하고, 1992년에는 중국과 수교했지. 또 1991년에는 북한과 나란히 유엔에 가입했단다.

 네? ㅇㅅㅇ 우리나라는 이미 유엔 회원국이고, 북한만 아닌 거 아니었어요?

 아니야. 대한민국이 유엔이 인정한 한반도 남부의 합법적 국가였지만, 유엔 가입은 소련, 중국 등이 반대해서 안 됐지. 반대로 북한은 미국, 일본 등이 반대해서 못하고……. 그것이 비로소 한꺼번에 가능해진 거야.

 와, 정말 감격스러웠겠어요!

 그러게요. 짝짝짝! ^o^ 그러면 그때부터는 남과 북의 사이가 아주 좋았겠네요?

 그래야 하는데…… 그렇게 간단하지는 않았구나.

 ????

 ????

 민주화가 되고 나서도 북한이라면 무조건 싫어하고

의심하는 인식이 쉽게 바뀌지는 않았거든. 정부도 북한과 대화할 수 있는 건 정부뿐이라며 보통 사람들이 북한과 접촉하려 하면 여전히 처벌했지.

그래서 임수경 씨, 문익환 목사처럼 법을 어기고 북한을 방문하는 사람이 나왔고, 이를 두고 한바탕 논란이 벌어지기도 했어.

에이, 그건 아닌 것 같네요. 법을 어기면 안 되잖아요!

내 생각에는 아닌 것이 아닌 것 같은데? 말이 안 되는 법도 꼭 지켜야 해? 그러면 독재 정권이 자기들 좋아하라고 만든 법을 어긴 태일이 오빠나 종철이 오빠도 나쁜 사람이겠네.

하지만 그래도……。

하하, 법은 지켜야지! 하지만 법이라는 건 따지고 보면 우리가 잘살자고 만든 것 아니겠니? 그런데 법이 이상해서 오히려 우리를 불편하게 한다면, 고쳐 보자는 목소리를 내야지! 나도 근로기준법을 지

김구 · 전태일 · 박종철이 들려주는 현대사 이야기

키라고 말을 하고 또 했지만 들으려고 하지 않아서, 결국 아주 특별한 '목소리'로 외쳤던 거고…….

모르겠어요. 너무 어려운 것 같아요.

그래, 이건 어른들도 쉽게 답을 못하는 문제니까, 좀 더 생각해 보기로 하자! ……그나저나 북한 쪽에서도 문제는 있었단다.

뭐가 문제였는데요?

북한 입장에서는 남한의 힘이 자신들보다 엄청 커지고, 또 그동안 큰형님처럼 든든하게 뒤를 받쳐 주던 소련이 그만 무너졌으니…… 초조하고 불안하지 않았겠니? 그래서 남북 간에 잘해 보자는 합의를 해 놓고서도 일방적으로 어기기도 하고, 핵무기를 만들기도 하고 그랬단다.

전에 희도 이상한 농담을 하기에 집깐 따돌리고 안 놀아 줬더니, 공연히 심술이 나서 오히려 더 못되게 굴던 철수 같네요. ㅎㅎㅎ

어떤 대한민국을 만들어 가야 할까? | 177

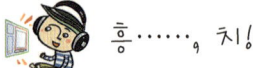 흥……, 치!

 그렇게 못되게 구는 북한 때문에 북한과는 상종도 하지 말자는 남한 사람들의 목청도 커지고……. 하지만 그래도 조금씩 나아져 갔어.

 그렇지! 특히 2000년 6월 13일에는 전 같으면 상상도 할 수 없는 일이 있었단다.

 그게 뭔데요?

 뭐죠? 뭐죠?

남북 정상 회담

 대한민국의 김대중 대통령이 조선 민주주의 인민 공화국의 김정일 국방위원장과 평양에서 만난 것이지. 두 사람은 마치 오랜 친구처럼 웃으며 악수를 했고, 그 장면을 TV를 통해 지켜보던 많은 사람들은 감동했단다. 나도 하늘에서 내려다보며 눈시울을 붉혔지.

2000년 6월 13일, 남북 정상 회담이 열렸어.

 선생님께선 옛 생각을 하셨겠죠?

 그렇단다. 내가 1948년 4월에 평양에 가서 김일성과 만날 때와는 자못 달랐지. 그때는 실망과 절망밖에 남지 않는 만남이었지만, 이번에는 희망이 생겼으니까……. 갈라진 지 오래고, 피를 흘리며 싸웠고, 지금도 서로 믿지 못하고 있지만, 언젠가는 화해하고 용서하고 하나가 되리라는 희망!

 그러고 보니 저도 생각나요. 선생님이 그 뒤로 이산

어떤 대한민국을 만들어 가야 할까요? | 179

가족 만남도 하고, 개성 공단도 만들고, 남북 간에 많은 좋은 일이 있었다고 하셨어요.

그랬단다. 물론 아직도 갈 길은 멀다. 우리 민족이 하나 되는 걸 싫어하는 사람도 많고, 역돌이 네가 전에 한 말처럼 통일 같은 걸 왜 하느냐, 북한이 어떻게 되든 관심 없다, 이런 사람도 적지 않아. 하지만 전에도 말했지만, 우리는 대한민국이 세워질 때부터 잘못되었던 일을 언젠가는 꼭 바로잡아야만 해.

2퍼센트 부족한 우리의 민주주의

그것은 곧 아직도 2퍼센트 부족한 우리의 민주주의를 완성하는 길도 되겠죠. 특정 정치인이나 정당의 좀스러운 속셈에 휘둘리지 않는 정치. 진정으로 국민의 눈물을 닦아 줄 수 있는, 국민이 바라는 원칙과 상식이 실현되는 정치를.

아무렴! 그리고 그것이야말로 내가 온몸이 불덩이가 되면서까지 이루고 싶었던, 더 이상 힘 있는 사람이 오만하지 않고, 힘없는 사람이 절망하지 않는, 저마다 따스한 시선으로 서로 바라볼 수 있는 세상을 만드는 기본 조건이겠지.

와……, 듣기만 해도 뭔가 가슴이 뭉클해요……. 그런데 참, 전에 질문하려고 했는데, 태일이 형이 그렇게 몸을 던지고 나서 노동자들의 삶은 어떻게 되었어요? 좀 나아지기는 했나요?

글쎄다. 아무래도 차차 좋아지기야 했지. 나의 일을 계기로 그때까지는 정치 투쟁에만 신경을 써 왔던 야당과 지식인들도 새삼 노동자들의 현실에 눈을 떴고. 정부도 마냥 나 몰라라 하기는 그랬고……. 하지만 금방 10월 유신이 왔잖니? 기본적으로 노동자의 권리를 인정하지 않는 정책은 그 뒤로도 오래 이어졌단다.

그래도 물밑에서는 더 나은 내일을 만들려는 노동자들의 노력과 투쟁이 이어졌지. 그것이 마침내 힘껏 용솟음치게 된 계기도, 바로 1987년의 6월 항쟁이었고.

어떤 대한민국을 만들어 가야 할까? | 181

그래. 6월 항쟁이 성공한 뒤, '노동자 대투쟁'으로 불리는 전국적인 파업 투쟁이 7월부터 시작되었어. 반공과 애국의 이름으로 오랫동안 억눌려 온 노동자의 목소리도 마침내 세상에 당당히 울리기 시작한 거지.

태일이 형이 죽어 가며 외친 것처럼 노동자를 기계가 아닌 사람으로 대우하고, 헌법에 보장된 노동 3권, 즉 단결권, 단체 교섭권, 단체 행동권을 실제로 허용하라는 지극히 당연한 목소리였지.

응……, 좀 어려운 말이 나와서 잘 모르겠어요. 그런데요, 울 아빠 말씀으로는, 노동자들이 자꾸 파업을 하니까 기업이 일하기가 어렵고, 그래서 다른 나라로 가 버리고, 결국 우리나라 경제가 안 좋아진다고 하시던데요?

음, 철수야, 물론 노동자들이 언제나 선하고, 무조건 옳은 것은 아냐. 하지만 파업이란 힘이 없는 노동자들이 힘이 센 기업이 횡포를 부리지 못하도록 쓸 수 있는 유일한 방법이란다. 독재 정권 때는 정부가 기업 편만 드느라 마음대로 파업을 못하게 했던 거지.

그래. 나는 잘 모르지만, 어느 한쪽만 이기는 게임은 잘못이라고 봐. 서로 상대를 곤란하게 할 수단이 있어야 하고, 그런 상태에서 대등한 입장에서 대화와 타협이 되지 않을까? 철수야, 안 그래?

……응, 게임이라니까 그런 것도 같네. 힘이 약한 캐릭은 발이라도 빨라야지. 한쪽 캐릭만 만빵으로 세면 그런 게임 누가 하겠어? ^^

ㅋㅋ 역시 좋아하는 게임 이야기가 나오니 이해가 되는가 봐? ㅋㅋ 그런데요, 형도 그랬지만 결국 우리가 최고 못사는 나라에서 빠르게 잘사는 나라로 성장했잖아요? 그러고 보면 적어도 옛날에는 그렇게 경제를 키워야 했던 것 아니었을까요?

전에도 태일이가 말했지만, '잘사는 나라'라는 게 뭔지부터 생각해 보자. 국민 일부만 떵떵거리고 살고, 대부분은 형편없이 사는데, 평균을 따져 보면 전체

적으로 제법 잘사는 것으로 나오면, 그게 진정 '잘사는 나라'일까?

 아니죠. 전체적으로 고르게 잘살아야죠.

 그렇지. 그리고 제각기 혼자만 부자가 되려고 아등바등할 게 아니라, 형편이 어려운 이웃도 챙기고, 파괴된 자연도 돌보고, 따스하고 넉넉한 마음을 가져야 진짜로 잘사는 거지. 그렇게 잘사는 사람들이 많은 나라가 백범 선생께서 꿈꾸셨던 '아름다운 나라'일 거야.

 그래요! 요즘 우리 아이들도 장래 희망이 그냥 '부자'인 애들이 많아요. 엄마 아빠가 하도 돈, 돈 하셔서 그런 게 아닐까요? 진짜는 마음이 부자이기를 바라야 하는데.

'IMF 사태'

 그렇지, 그렇지! 그런데 과거의 경제 발전 방식은 너

무 한쪽으로 치우쳐 있었던 거야. 노동자들을 괴롭혀서 기업을 잘살게 하고, 농민을 괴롭혀서 도시를 잘살게 하고……. 그리고 일단 돈만 벌면 된다 싶어서 뭐든지 "빨리빨리, 대충대충" 넘어갔으니 말이다!

그렇기 때문에 마냥 경제 대국으로 나아가는 듯했던 우리 경제도 한바탕 된서리를 맞았지. 바로 1997년의 'IMF 사태'였어.

아! 저도 그거 알아요! 아빠 엄마도 그때 무척 힘들었다고 하시더라고요.

그래, 멀쩡한 기업들이 하루아침에 무너지고, 묵묵히 땀 흘리며 일해 온 사람들이 직장에서 쫓겨나야 했지. '노동자들이 파업을 일삼았기 때문'이 아니라, 기업들이 덩치만 불리려고 말도 안 되는 사업을 벌이고, 정부는 무조건 기업을 위하느라 그걸 다 들어주다 보니 빚어진 일이었어.

기업주가 기업의 또 다른 주인인 노동자들의 의견을 들어가며 사업을 했더라면, 또 정부가 국민의 다

어떤 대한민국을 만들어 가야 할까? | 185

양한 의견을 받아들이며 정책을 폈더라면 그러지 않았을 텐데 말이지! 그런 점에서, 진정으로 잘사는 나라를 만들기 위해서는 곧 진정한 민주주의가 되어야 하는 거야.

두말하면 잔소리지! 또 어떻게 해야 진정한 평화를 이룰 수 있는지, 민족의 화해를 이룩할 수 있는지 모두가 터놓고 말하고, 자유롭게 토론하고, 민주적으로 뜻을 모을 수 있어야 하고.

뭔가 알 것 같아요....... 결국 모든 게 연결되어 있는 거네요. 올바른 민주주의도, 누구나 사람답게 사는 사회도, 평화로운 세상도.

그러기 위해서 우리들의 힘이 필요한 거고요.

더 평화로운 세상, 더 자유로운 나라, 더 평등한 사회

우리에게 정말 그런 힘이 있을까요? 우리 손으로

역사의 잘못된 부분을 고쳐서 훌륭한 세상을 만들 수 있을까요?

물론, 물론, 물론이란다! 생각해 보렴, 이제는 더 이상 지긋지긋한 가난도 없고, 우리를 못살게 구는 제국주의 외세도 없어. 세계가 두 개의 패거리로 나뉘어서 결사적인 대결을 벌이는 상황도 아냐. 옛날 사람들에 비하면 거리낄 게 별로 없는 거야.

아직도 남아 있는 잘못된 편견은 결국 없어질 거야. 서로에게 원한을 품었던 사람들도 시간이 지나면서 마음이 누그러지고, 자신의 잘못도 돌아보게 될 거야.

너희에게는 지금 우리가 하고 있는 이거, 인터넷도 있잖니? 마음만 먹으면 우리나라에서뿐 아니라 전 세계에서 우리가 하는 훌륭한 일을 도와줄 사람들을 찾을 수 있어. 자신감을 가지렴. 그리고 열심히 배우고, 배운 대로 행동하렴.

그래서 너희와 너희의 자손들에게 더 평화로운 세상을.

더 평화로운 세상,
더 자유로운 나라,
더 평등한 사회를 위해
우리 함께 노력해요.

더 자유로운 나라를,

 더 평등한 사회를……,

 ……만들게요! 네! 꼭 약속할게요! 할 수 있을 것 같아요! 철수야, 영희야, 너희도 그럴 거지?

 장난해? 당연한 거 아냐? ^___^

 우리 손으로 더 나은 역사를 만드는 거구나. 정말 두근두근해!! ^ ^

 보셨죠? 우리 모두 노력할 거예요! 해낼 거고요! 할아버지, 그리고 형아들, 도와주실 거죠?

 그럼. 아마 이런 식으로 너희를 온라인에서 만나는 건 좀 힘들겠지만 말이다.

 에에??? 그게 뭐래요?

 우리도 아쉽지만, 이미 죽은 우리가 살아 있는 너희

하고 너무 자주 만나도 곤란하지. 안 그렇겠니? ^^

그래도 넘 해요……. 역돌이하고는 몰라도 저희하고는 이제 막 만났는데. ㅠㅠ

너무 걱정하지 마라. 우리는 항상 너희 곁에 있었단다. 역사 속에 있었으니까. 우리하고 한동안 이렇게 만나지는 못해도, 책과 TV와 인터넷 속에서 우리를 보고 느낄 수 있을 거란다. 물론 생각 없이 보는 사람에게는 우리의 참모습이 보이지 않겠지만.

그래도 너무 아쉬운데……. 알았어요. 그래도 가끔, 아주 가끔은 말이에요. 이렇게 만나러 와 주세요. 그래 주실 거죠?

글쎄다……? 너희 하는 거 봐서. ㅋㅋㅋㅋ

그래. 장담은 못 하지만 꼭 그렇게 할게. 그럼 우린 이만 갈게. 그동안 너무너무 즐거웠어. 또 만나자!

 네, 형! 잘 가요!

 잘 가요!

 백범 김구 할아버지, 태일이 형, 종철이 형, 사랑해요!

 우리도 너희를 사랑한다. 다시 만나자, 얘들아!

+++++〈백범〉님이 퇴장하셨습니다++++++
+++++〈종철〉님이 퇴장하셨습니다++++++
+++++〈태일〉님이 퇴장하셨습니다++++++

 사랑해요! 고마워요! 꼭 다시 만나요!!!!!!!!

연표로 살펴보는 우리 현대사

1990년 1월 22일	민정당, 민주당, 공화당이 합당하여 민주자유당 창당.
1991년 9월 17일	남북한 유엔 동시 가입.
1992년 12월 18일	제14대 대통령에 김영삼 당선.
1995년 6월 27일	지방 자치제 부활.
1997년 4월 17일	전두환과 노태우, 내란죄 등으로 처벌 확정.
1997년 11월 21일	경제 위기로 IMF 구제 금융 신청.
1997년 12월 18일	제15대 대통령에 김대중 당선.
2000년 6월 13일	김대중-김정일의 남북 정상 회담.
2002년 5월 31일	한일 공동 월드컵 개최.
2002년 12월 19일	제16대 대통령에 노무현 당선.
2007년 10월 2일	노무현-김정일의 제2차 남북 정상 회담.
2007년 12월 19일	제17대 대통령에 이명박 당선.
2012년 12월 19일	제18대 대통령에 박근혜 당선.
2017년 3월 10일	박근혜 탄핵.
2017년 5월 9일	제19대 대통령에 문재인 당선.